絶対に失敗しない

ものづくり現場からのソフトウェア発注

PREVENTING FAILURES

高木太郎　株式会社イマジオム
Tarou Takagi

SOFTWARE for MONOZUKURI

日本能率協会マネジメントセンター

はじめに

　昨年の初めに約128円であった日本円の対ドル為替レートは、本年6月には160円を超えてしまいました。その後円は、国内での金利の引き上げやアメリカ国内の経済事情を受けて持ち直し、現在は145円前後を推移しています。しかし、おそらくこれも一時的なものでしょう。過去の為替レートの推移を見れば、円の下落が長期的かつ着実に進んでいるとはっきりわかります。なにせ約3年半前の2021年1月には、1ドルは103円台だったのです。

　公益財団法人日本生産性本部の調査［1］によると、2021年の日本の労働生産性は1時間あたり49.9ドル（5,006円）で、OECD加盟38ヵ国中27位でした。しかもこれは、1970年以降で最低の数字でした。また就業者1人あたりの年間の労働生産性は81,510ドル（818万円）で、OECD加盟38ヵ国中29位でした。

　とても残念なことですが、日本は働いても評価されない国、外国から投資されない国になってしまいました。いったい、なぜそのような事態に陥ってしまったのでしょうか？

　筆者は現在58歳、主にものづくり現場向けにコンピュータシステムの開発を手がける小さな会社を20年前に設立し、その代表を務めています。また1人のソフトウェア技術者として、これまで大小合わせて約200件のソフトウェア開発プロジェクトに携わり、今も毎日のようにソフトウェアを作っています。ものづくり現場にはさまざまな課題が普遍的に存在しており、その中にはコンピュータシステムやソフトウェアの導入によって解決する課題が少なくありません。そうした課題を抱える顧客から詳しく話を聞き、その解決方法を考案し、必要なソフトウェアやコンピュータシステムを作り上げるのが筆者の仕事です。最近流行りの言葉を使うなら「DX (Digital Transformation)」、やや古めかしい言葉を使うなら「FA (Factory Automation)」や「OA (Office Automation)」、そのような言葉で呼ばれる顧客の取り組みをシステム

開発技術で支えることが、筆者の会社と筆者自身のミッションと心得ています。

　顧客の抱える課題を正確に把握するには、ものづくり現場を実際に訪問する活動が欠かせません。そこにどのような設備があるのか、どのような人が働いているのか、どのように業務が行われているのか、どのような課題が認識されているのか、どのような問題が隠れているのか、どのようなものが解決に使えそうなのか……といった「現場のナマの姿」を詳しく観察しないと正しい判断ができないからです。そのため筆者自身は、2019年に新型コロナウィルス感染症（COVID-19）の流行が始まるまで、毎年30ヵ所以上、多い年には50ヵ所ものものづくり現場に出かけていました。そうした活動の中でわかってきたこと——それは、ムダを垂れ流し続けているものづくり現場や、早晩破綻するであろうムリを続けているものづくり現場がいかにたくさんあるかという現実でした。顧客の担当者自身の口から、今まさに抱えている課題や問題を耳打ちされることもたびたびありました。また一部のものづくり現場には、コンピュータシステムの導入を嫌う空気があることや、コンピュータシステムのベンダ（開発者や販売者）に対して不信感を持つ人がいることもはっきり感じられました。さらには、マスコミなどで喧伝される「IoT（Internet on Things ＊1）」とか「AI（Artificial Intelligence）」といった言葉に飛びついたものの、その内容や限界や短所を正しく理解しておらず、使いこなせていない人もいました。不正確な情報や、恣意的に曲げられた情報に振り回されている人も少なくありませんでした。

　筆者の会社に問い合わせをくださったり、職場であるものづくり現場を見せてくださったりする方々は、間違いなく「職場を改革しよう」という意識が平均よりも高いはずです。その目的を達成するために勉強し、たくさんの情報も集めているはずです。そのような方々が活躍している意識の高い職場でも、まだまだコンピュータシステムは使いこなされていないのが現状です。そうだとすると、平均的な意識の職場ではどうなのでしょうか？　あるいは意識が低い職場ではどうなってしまっているのでしょうか？

　冒頭で「日本は働いても評価されない国、外国から投資されない国に

なった」と書きました。筆者は、ものづくり現場でコンピュータシステムが十分に活用されていないことが、その大きな原因の1つであると見ています。原因の「すべて」だとは考えていませんが、無視できない程度に大きな割合を占めていると考えています。自動車があるのに、かごと馬と飛脚で社会を回そうとしても、能率が悪いことは明らかです。忠実で凄腕の家来が何人もいるのに、それを自陣に待たせて大将1人が敵陣に突っ込んでいくのでは、戦に勝てないことも明らかです。しかしわが国はそれに近いことをやっています。機械なら1分で終わる作業を人間が1日かけてやっていますし、機械なら0.1秒で終わる作業を人間が10秒かけてやっています。ひと言でいえば「ムダが多すぎる」。この状況を何とか変えたいと思い、本書の執筆を決意しました。

本書の目的は、直接的には読者にソフトウェア発注での失敗を避けていただくことですが、最終的にはコンピュータシステムを活用することに対する抵抗感を払拭していただくことにあります。確かに現状のソフトウェア発注の失敗率は低くありません。リスクを伴うソフトウェア発注プロジェクトをスタートさせるのに、ある一定の勇気が必要なこともよくわかります。しかしそのような勇気が必要なくなったとしたらどうでしょう。お腹が空いた私たちが自然に「何かを食べに行こう」と考えるのと同様、困ったことができたら自然に「システムベンダに相談しよう」と考える思考パターンに変わるのではないでしょうか。それこそが本書の目指すゴールです。

本書はコンピュータシステムに関する本ですが、よくある指南書に書かれているような具体的な手順、すなわち「まず……を作れ、次に……をしろ」といったマニュアル的な手順は一切書かないことにしました。煩雑な手順を覚えないとうまくいかないというのでは、「困ったことができたから、システムベンダに相談しよう」という思考パターンをものづくり現場に根付かせることが難しいからです。代わりに、ソフトウェ

＊1:「IoT」という言葉については、「Internet of Things」の略号であるという説明や「モノのインターネット」という訳語をよく見かけるが、それらはいずれも誤り。原語は「Internet on Things」、「インターネットをあらゆるものに」という意味である。本書では原語の提唱者に敬意を表し、「IoT」を「Internet on Things」の略語とする。

ア開発者と良好な関係を築くために必要な知識を過不足なく記述することに徹しました。開発者との相互信頼こそがソフトウェア発注の失敗を避ける秘訣だからです。ある程度知識をお持ちの読者から「そんなことはとっくに知っているよ」と言われそうな内容もあえて盛り込みました。これは、本書を有用だと感じてくださった読者が、職場の方々に本書を回覧・共有してくれることを期待してのことです。職場にいる全員が「困ったことができたから、システムベンダに相談しよう」と考えるようになって初めて、コンピュータシステムを積極的に活用していこうという気運が生まれます。そのためには、コンピュータやソフトウェアに関する知識をほとんど持っていない人にも抵抗なく読んでもらえる本にしなければなりません。本書には「今の状況を何とか変えたい」という筆者の思いを込めました。この思いをぜひ、読者の職場全体で共有していただきたいと願っています。

　ところで、今本書を開いている読者は、もしかして「これからソフトウェア発注をしないといけない。必要な発注スキルを急いで身に付けないといけない。だから自分には本書の全体を読んでいる時間がない」という方ではありませんか？　そのような多忙な読者のため、ここで本書の構成を簡単に紹介しておきましょう。時間のない方は、ひとまず本書の第1～4章を読み飛ばし、第5～7章だけお読みになってもいいでしょう。

第1章「失敗するソフトウェア発注」
　本書の解決するべき課題である、ソフトウェア発注プロジェクトの成功／失敗の現状を読み解きます。多忙な方は読み飛ばしてかまいません。

第2章「ソフトウェア・ソフトウェア開発・ソフトウェア開発者」
第3章「進化を続けるソフトウェア開発のあり方」
第4章「ものづくり現場からのソフトウェア発注」
　ソフトウェア発注プロジェクトを失敗させない方法を考察するのに必要となるいくつかの予備知識について説明します。多忙な方は読み飛ば

してかまいません。

第5章「やってしまいがちなこの行為が失敗を招く」
　ソフトウェア発注プロジェクトを失敗させる具体的な行為を、筆者の経験をもとにリアルに説明します。ご多忙でもぜひお読みください。

第6章「ソフトウェア開発者とのコミュニケーションの基本」
第7章「場面別コミュニケーションの実際」
　ソフトウェア発注プロジェクトの失敗を避けるために役立つ、筆者の推奨する方法を詳しく説明します。ご多忙でもぜひお読みください。

　さらに多忙な読者のためには、本書で筆者がもっとも伝えたいことを、本書の後書きである「おわりに」に要約しておきました。急いでソフトウェア発注の知識を身に付けなければいけない方は、本書の第1～7章すべてを読み飛ばし、この要約だけをお読みくださっても、これから手がけるソフトウェア発注プロジェクトの成功率を高めるヒントは得られるのではないかと思います。

　本書が読者にとって大きな知的財産となることを心より願っています。そして最後に、本書の査読にご協力くださった昭和システム開発株式会社の藤森道憲氏、特定非営利活動法人 長岡産業活性化協会NAZEの小宅勝氏、スリーイメージング株式会社の曽根靖慎氏、本書の主旨に賛同してくださり、本書を立派な書籍に仕上げてくださった株式会社日本能率協会マネジメントセンター出版部の渡辺敏郎氏への感謝と、本書を手に取ってくださった読者の皆様への感謝を表し、前書きの筆を置きたいと思います。

　　　　　　　　　　　　　　　　　　2024年9月1日　高木 太郎

用語について

　本書では意味の似ている言葉を、次の方針に従って使い分けます。

■「製造業」・「ものづくり分野」・「ものづくり現場」

　本書では「ものづくり分野」という言葉を「ものを作る活動」の総称として使います。産業分類上の「製造業」だけでなく、創意工夫によって何かを創出する活動を幅広く含みます。次の例に挙げた業種や人々に限らず、さまざまな業種や人々が「ものづくり分野」に属しているとお考えください。

- 建築業・内装業など（建物や空間を創出する）
- 飲食業など（料理やレシピ、体験を創出する）
- イベント業・旅行業・遊園地など（企画や体験を創出する）
- 美容室・写真館など（デザインや印象を創出する）
- 出版業・広告業・映像制作業など（書籍やコンテンツを創出する）
- 芸術家・作家（芸術作品・文学作品を創出する）
- 手芸・工作などの趣味を持つ人々（手作り作品を創出する）

　また本書では「ものづくり現場」という言葉を、「ものづくり分野」において「実際にものを作っている部署や場所」を表すのに使います。ですので製造業であっても、人事・経理・販売・調達などの業務を手がける部署は、通常「ものづくり現場」には含まれないとお考えください。

■「ソフトウェア」と「プログラム」

　「ソフトウェア」と「プログラム」は本来意味の異なる言葉ですが、区別されずに使われることも多いことから、本書では原則として「ソフトウェア」という言葉に統一します。ただしそれがソースコードとして書かれることや、コンピュータによって実行されることを意識する必要がある場合、「プログラム」という言葉を使って「データ」との区別を

明確に示します。なお「ソフトウェア」「プログラム」「データ」の違いについては第2章-1で詳しく説明します。

■「ソフトウェア開発」と「システム開発」

「システム」という言葉は、「ソフトウェアやハードウェアを組み合わせ、目的とする動作を実現するもの」と定義することができます。しかし現実には、ハードウェアのみの組み合わせで目的とする動作を実現することは難しく、ほぼすべての「システム開発」に「ソフトウェア開発」が含まれ、開発の中で大きな割合を占めています。そうした実情を踏まえ、本書では「システム開発」を含めて「ソフトウェア開発」という言葉に統一します。

■「開発者」と「開発会社」

本書では原則として「開発者」という言葉に統一します。これには次のような個人と組織が含まれます。

- ソフトウェア開発を職業とする個人
- ソフトウェア開発を業務とする会社などの組織

「ソフトウェア開発者」には、多くの開発者が所属する大きなソフトウェア開発会社も含まれます。ただし上記の個人と組織を区別する必要がある場合、個人を示すのに「開発者」という言葉を使い、組織を示すのに「開発会社」という言葉を使います。

CONTENTS

はじめに 3
用語について 8

第1章
失敗するソフトウェア発注

1 ソフトウェア発注の成功率と失敗率　16
　■『日経コンピュータ』誌の調査から ………………………………… 16
　■『CHAOS REPORT』から ……………………………………………… 17
　■筆者の経験から ………………………………………………………… 19
2 ソフトウェア発注失敗のパターン　21
　■失敗のパターン ………………………………………………………… 21
3 ソフトウェア発注が失敗する原因　25
　■失敗を避けるための予防策 …………………………………………… 25
　■もう一段掘り下げる …………………………………………………… 26
　■導かれた結論の思考実験 ……………………………………………… 28

第2章
ソフトウェア・ソフトウェア開発・
ソフトウェア開発者

1 ソフトウェアとはどういうものなのか　34
　■ハードウェアとソフトウェア、そしてプログラム ………………… 34
　■ソースコードとバイナリ形式 ………………………………………… 36

10

2 ソフトウェア開発とはどういう仕事なのか　43
　■ソフトウェア開発は創作活動である …………………………… 43
　■バグとデバッグ ………………………………………………… 45
　■開発にかかる期間・費用を決める要因 ………………………… 48
　■研究調査性によって変わるソフトウェア開発の性質 ………… 51
3 ソフトウェア開発者とはどういう人たちなのか　55
　■クラフトマンシップを持って仕事と向き合う ………………… 55
　■駆け出しとベテランの違い …………………………………… 58
　■大会社でも結局は個人に依存 ………………………………… 59

第3章 進化を続けるソフトウェア開発のあり方

1 オブジェクト指向がもたらしたプログラミング革命　66
2 今も続くソフトウェア開発方式の模索　74
　■ソフトウェア開発者の悩み …………………………………… 74
　■ソフトウェア開発の近代的な進め方 ………………………… 77
　■ソフトウェア発注と法律 ……………………………………… 89
3 サブスクリプションは損なのか　91

第4章 ものづくり現場からのソフトウェア発注

1 ものづくり現場で使われるソフトウェアの特異性　98
　■研究調査性が高い …………………………………………… 100
　■ガイドライン・前例・手本がない …………………………… 101
　■要件が厳しい、制約が多い ………………………………… 103
2 ものづくり現場とシステムベンダの残念な関係　106

第5章 やってしまいがちなこの行為が失敗を招く

1　失敗誘発行為とそのパターン　118
2　使ってはいけない情報を参考にする　120
　- 分野違いの情報を参考にする ……………………………………… 120
　- 時代遅れの情報を参考にする ……………………………………… 121
　- 他のプロジェクトと比較する ……………………………………… 122
3　開発者にしかわからないことに干渉する　124
　- 発注者だけで仕様書を作る ………………………………………… 124
　- 主導と指示を混同する ……………………………………………… 125
　- 早すぎる時期に見積もりを要求する ……………………………… 126
　- 使用する技術や手法を限定する …………………………………… 127
　- プロジェクトの進め方を限定する ………………………………… 128
　- 打ち合わせを過度に要求する ……………………………………… 129
4　受け取っても役に立たないものを求める　131
　- 著作権や独占販売権を要求する …………………………………… 131
　- ソースコードや内部仕様書を要求する …………………………… 132
　- 自分でも作れるのに、取扱説明書を作らせる …………………… 133
5　ソフトウェア開発の性質を理解しない　135
　- 期限までに確実に完成することを当てにする …………………… 135
　- 完璧なものができ上がることを当てにする ……………………… 136
　- 一度だけの発注で完結させようとする …………………………… 137
　- ソフトウェアを育てていく意識を持たない ……………………… 138
6　開発内容に合わない発注先を選ぶ　140
　- 会社の規模だけで発注先を選ぶ …………………………………… 140
　- 過去の付き合いだけで発注先を選ぶ ……………………………… 141
　- 見積もり金額だけで発注先を選ぶ ………………………………… 142
　- 得意分野の異なる開発者に発注する ……………………………… 143

7 開発者との信頼関係を大事にしない　145
- 開発者とのコミュニケーションを軽視する ……………………………… 145
- コミュニケーションを軽視する開発者を選ぶ …………………………… 146
- 開発者のモチベーションを下げる ………………………………………… 147
- 自分と開発者の間に線を引く ……………………………………………… 148

第6章 ソフトウェア開発者とのコミュニケーションの基本

1 コミュニケーションの重要性　150
- コミュニケーションは失敗誘発行為を避ける万能薬 …………………… 150
- コミュニケーション不足がもたらす弊害 ………………………………… 151
- コミュニケーション不足が呼ぶ悪循環 …………………………………… 152
- コミュニケーションをついおろそかにしてしまう理由 ………………… 154

2 メールでのコミュニケーションテクニック　157
- コミュニケーションの基本はメール ……………………………………… 157
- 不要な引用をしない ………………………………………………………… 159
- 相手を待たせない …………………………………………………………… 161
- 一度で正確に伝える ………………………………………………………… 161
- 質問には的確に回答する …………………………………………………… 163
- メーリングリストの活用 …………………………………………………… 163
- ファイル添付での気配り …………………………………………………… 166

3 発注先の選定とコミュニケーション　168
- コミュニケーション力の低い開発者に依頼しない ……………………… 168
- 開発者を見極めるコミュニケーションテクニック ……………………… 169

第7章 場面別コミュニケーションの実際

1 発注先が決まるまでのやり取り 176
- 発注先を見極めるためのやり取り ……………………………………… 176
- 提案と見積もりを受ける際のやり取り ………………………………… 180
- 見積もり金額が高すぎた場合のやり取り ……………………………… 183
- 相手を今回の発注先に選ぶ際のやり取り ……………………………… 184
- 相手を今回の発注先から外す際のやり取り …………………………… 185
- プロジェクトを中止させる際のやり取り ……………………………… 186

2 開発序盤〜中盤でのやり取り 188
- 細かい仕様を決めていくためのやり取り ……………………………… 188
- 試作プログラムを受け取った時のやり取り …………………………… 189
- メールに説明資料を添付する際のやり取り …………………………… 191
- 仕様を変更したくなった時のやり取り ………………………………… 192

3 開発終盤でのやり取り 194
- 不具合を見つけた時のやり取り ………………………………………… 194
- 不具合がなかなか収束しない時のやり取り …………………………… 196
- 納品後のやり取り ………………………………………………………… 198

おわりに 203

Column

- COLUMN1 超一流のプロに仕事を依頼する ……………………………… 62
- COLUMN2 GDP伸び率で最下位の日本 …………………………………… 114
- COLUMN3 ソフトウェア開発者と出会うには …………………………… 172
- COLUMN4 開発者の万一に備えて何ができるか ………………………… 200

第1章
失敗するソフトウェア発注

　筆者が本書「失敗しない、ものづくり現場からのソフトウェア発注」を執筆しようと考えたきっかけは、ものづくり現場からソフトウェアを発注しようとして失敗した事例をいくつも見かけ、そのたびに残念に思っていたことにあります。実際ソフトウェア発注の失敗は、ものづくりに携わる私たちの身の周りで驚くほどたくさん起きています。本章ではまず、それらの失敗がどのように起きているのか、その発生状況を眺めてみることにしましょう。

1 ソフトウェア発注の成功率と失敗率

ソフトウェア発注の成功率はいったいどの程度なのでしょうか？　いくつかの調査によって浮かび上がった、厳しい現実を直視することから始めましょう。

■『日経コンピュータ』誌の調査から

　ソフトウェア発注の総数や、その成功数・失敗数を集計した公的な統計データは、筆者の知る限り存在していません。そもそもわが国では、そのような調査自体が公的には行われていないので、データが存在しないのも当然のことではあります。しかしながら、推測の材料になりそうな公開情報はわずかながら存在しています。

　1つは『日経コンピュータ』誌が独自に行ったアンケート調査です。2003年に第1回の調査、2008年に第2回の調査が行われており、それぞれの結果は同誌の記事[2][3]で読むことができます。このアンケートは「ソフトウェア発注」ではなく「システム開発プロジェクト」の成功／失敗を集計したものですが、自らシステム開発を手がける回答者がごくわずかであり、ほとんどは外部に発注されたものであることを考えると、この結果はソフトウェア発注の成功／失敗を集計したものと考えても差し支えないでしょう。

　第1回の調査報告記事の題名「プロジェクトの成功率は26.7％」にはショッキングなものがあります。この26.7％という数字は、4件のソフトウェア発注がなされると、そのうちの3件は失敗するということを意味しているからです。5年後に再度行われた調査では、成功率が31.1％にまで向上していますが、それでも失敗の方が成功よりもずっと多いという結果は変わっていません。私たちがスーパーマーケットやネットショップで買い物をするとき、「3割ほどしか満足しないだろう」と思いながらものを買うでしょうか？　通常の買い物では考えられない失敗率の高さです。

●図表1-1 『日経コンピュータ』誌の調査による
システム開発プロジェクトの成功率推移

　これらの調査は今から20年ほども昔になされたもので、今ではずいぶん状況が変化している可能性はあります。しかし後述する『CHAOS REPORT』の内容を見ても、ここ10年以内に成功率が劇的に高まってきたとは考えにくいでしょう。2023年現在、当時と同様の方法による調査を行えば、やはり「成功率は30％前後」という結果が出てくるように思われます。

■ 『CHAOS REPORT』から

　もう1つの公開情報は、米国の調査会社であるThe Standish Group International社が発行する『CHAOS REPORT』[4]です。同社はソフトウェア業界に関する調査を国際的かつ継続的に行っており、調査対象の数（3万件以上）も「日経コンピュータ」誌が調査対象とした数（12,546社）を上回っています。個々のプロジェクトをSuccessful（成功）／Challenged（不満）／Failed（失敗）のいずれかに分類し、それぞれの割合をレポートで発表しています。

　筆者はすべてのレポートを入手しているわけではありませんが、二次的な公開情報［5］［6］［7］から得られる情報も含めてわかる範囲でまとめると、システム開発プロジェクトの成功／不満／失敗の割合は次のように推移しています。

　『CHAOS REPORT』の評価方法は年次の途中で変わっているので、上記の数字は必ずしも一貫性があるものではありません。しかしこれら

● 図表 1-2 『CHAOS REPORT』によるシステム開発プロジェクトの成功率推移

発表年	旧評価法 [%]			新評価法 [%]								
				開発方式を区別しない			ウォーターフォール方式			アジャイル方式		
	成功	不満	失敗	成功	不満	失敗	成功	不満	失敗	成功	不満	失敗
1994	16	53	31									
1996	27	33	40									
1998	26	46	28									
2000	28	49	23									
2002	34	51	15									
2004	29	53	18									
2006	35	46	19									
2009	32	44	24									
2011	39	39	22	29	49	22						
2012	37	46	17	27	56	17						
2013	41	40	19	31	50	19						
2014	36	47	17	28	55	17						
2015	36	45	19	29	52	19						
2021							13	59	28	42	47	17

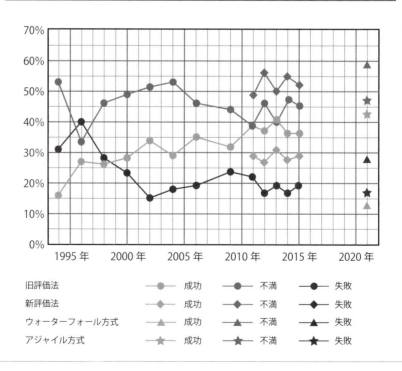

の数字からは、次のようなことが見て取れます。

a. プロジェクト成功率は総じて 30％前後である。これは「日経コンピュータ」誌の調査結果とも大きく食い違っていない数字である。緩やかな上昇傾向が見られるものの、50％を超えるにはまだ年月を要しそうである
b. 2021 年のレポートで、調査対象を「ウォーターフォール方式」と「アジャイル方式」に分けて集計した結果によると、アジャイル方式はウォーターフォール方式に比べて約 3 倍成功率が高い

『CHAOS REPORT』もやはり、システム開発（ソフトウェア発注）プロジェクトの成功率の低さをよく示しています。なお上記の「ウォーターフォール方式」・「アジャイル方式」は、いずれもソフトウェア開発の進め方を表す言葉です。本書では後ほど第 3 章 -2 で説明します。

■**筆者の経験から**

上記の 2 つの情報、すなわち『日経コンピュータ』誌の調査結果と『CHAOS REPORT』の内容は、筆者自身の経験ともほぼ合致します。

筆者はものづくり現場に向けたソフトウェアの開発者として、国内各地に点在するものづくり事業所（工場など）を訪問し、それぞれが抱える課題を解決する仕事を 10 年以上続けてきました。多くの顧客からお話をうかがっていると、その中でシステム開発やソフトウェア発注の失敗談を聞かされることがあります。しっかり記録を取っていたわけではないのであくまで感触ですが、多くの話を総合すると、ものづくり現場からのソフトウェア発注では、その結果はほぼ図表 1-3 のような比率になることが見えてきました。

筆者の経験による「20％以下」という成功率は、『日経コンピュータ』誌の調査結果（26.7 〜 31.1％）や、『CHAOS REPORT』の内容（30％前後）に比べるといくらか少ない数字です。しかしこれは、統計上のばらつきによる誤差や筆者の分析の偏りではなく、筆者の見てきた対象が「日本国内のものづくり現場」に限られていることに関係する、意味の

●図表1-3　筆者の経験に基づくソフトウェア発注の成功率

20％以下	成　功	プロジェクトが期待したとおりに進み、満足できるソフトウェアが完成した
50％以上	準失敗	費用が当初の予算を大きく超えたり、機能を大幅に削らざるを得なくなったりした
30％以上	失　敗	プロジェクトが途中で頓挫し、実用的なソフトウェアがついに完成しなかった

成功：20％
失敗：30％
準失敗：50％

ある違いであると考えられます。

『CHAOS REPORT』の2015年版［4］には、地域別や分野別のプロジェクト成功率が詳細に記載されています。2011〜2015年の結果を総合すると、すべての調査対象の成功率が29％であるのに対し、日本を含むアジア圏の成功率は22％にとどまっています。また製造分野での成功率は、金融分野や流通分野に比べて多少低いこともわかっています。筆者の訪問先は製造分野の中でも「現場」に限られているので、製造分野全体を対象にした調査結果よりも差が大きくなっているものと考えられます。

製造分野でも、金融分野や流通分野で使われるのと同様のデータベースシステムが開発されることはよくあります。『日経コンピュータ』誌の調査結果や『CHAOS REPORT』の内容にはそのようなシステムの開発プロジェクトも混じっているため、ものづくり現場からのソフトウェア発注が成功率を引き下げる効果を薄めていると考えられるからです。

いずれにしても、現在のわが国において、ソフトウェア発注の成功率が30％前後と非常に低いこと、とくにものづくり現場からの発注では20％前後と、さらに低いことにはほぼ疑いがありません。これは私たちが認識しておかないといけない残念な現実です。

2 ソフトウェア発注失敗のパターン

ソフトウェア発注の失敗を避ける最初の一歩として、まずはその分類に取り組んでみましょう。失敗にはいくつかのパターンがあることがわかります。

■失敗のパターン

本章-1では、ソフトウェア発注（システム開発）プロジェクトが失敗する実態を見てきました。独立した3つの情報源から報告された「成功率」を総合してみても、「ソフトウェア発注の失敗率が非常に高い」ことがおわかりいただけたでしょう。次にここでは、ソフトウェア発注がどのように失敗するのかについて、詳しく分析していきます。

ソフトウェア発注の失敗にはいろいろな形があり、それらはいくつかの失敗パターンに分類することができます。システム開発の失敗を分類・整理しようという試みは、これまでにも多くなされてきました。たとえば、前述の『日経コンピュータ』誌の調査記事では、独自の基準として「QCD（品質／費用／納期）のそれぞれを守ることができたか」をプロジェクト失敗の基準としており、これはすなわち失敗を次の3パターンに分類していると考えられます。

『日経コンピュータ』誌の調査記事での失敗のパターン
① 品質が当初の計画よりも低下した
② 費用が当初の計画を上回った
③ 納期が当初の計画よりも長くなった

また『CHAOS REPORT』では、プロジェクトを成功／不満／失敗のいずれかに分類するのに使う評価項目として、図表1-4のような項目を挙げています。

別の言い方をすると、これらの裏返しが失敗パターンになります。つ

●図表 1-4 『CHAOS REPORT』での評価項目

評価項目	説明
OnTime	期日に間に合ったかどうか
OnBudget	予算内に納まったかどうか
OnTarget	すべての機能が完成したか
OnGoal	開発が最後まで進んだかどうか
Value	開発による価値が得られたかどうか
Satisfaction	できたものに満足できたかどうか

まり『CHAOS REPORT』では、失敗を次の6パターンに分類していると考えられます。

『CHAOS REPORT』での失敗のパターン
① 期日に間に合わなかった
② 予算内に納まらなかった
③ すべての機能が完成しなかった
④ 開発が最後まで進まなかった
⑤ 開発による価値が得られなかった
⑥ ユーザに満足されなかった

さらに筆者は、ソフトウェア発注の失敗パターンとしてよく次の8パターンを挙げてきました。

筆者による8つのパターン
① 作ってほしいものが作られてこなかった
② 費用が当初の想定金額を大きく上回った
③ 不具合がいつまで経ってもなくならない
④ 計画どおりに完成したのに効果が出なかった
⑤ 開発者に連絡しても回答が来なくなった

●図表 1-5　ソフトウェア発注失敗のパターン

失敗のパターン	『日経コンピュータ』誌の調査記事での失敗の分類	『CHAOS REPORT』での失敗の分類	筆者による失敗の分類
完成の遅延	納期が当初の計画よりも長くなった	期日に間に合わなかった	
機能の切り捨て	品質が当初の計画よりも低下した	すべての機能が完成しなかった	
開発者への不信			何だか開発者にぼったくられている気がする
			開発者に連絡しても回答が来なくなった
費用の超過	費用が当初の計画を上回った	予算内に納まらなかった	費用が当初の想定金額を大きく上回った
予想効果の過大	品質が当初の計画よりも低下した	開発による価値が得られなかった	計画どおりに完成したのに効果が出なかった
			ソフトウェアはできたが、どうも満足できない
ユーザの拒絶	品質が当初の計画よりも低下した	ユーザに満足されなかった	完成したソフトウェアが使ってもらえない
			作ってほしいものが作られてこなかった
頓挫・打ち切り		開発が最後まで進まなかった	不具合がいつまで経ってもなくならない
			開発者に連絡しても回答が来なくなった

⑥ ソフトウェアはできたが、どうも満足できない
⑦ 何だか開発者にぼったくられている気がする
⑧ 完成したソフトウェアが使ってもらえない

　これらの分類を眺めていると、使っている言葉は少々異なるものの、同じことを意味している分類項目が含まれていることに気付きます。そこでこれらの分類を突き合わせ、1つの表にまとめてみましょう。これによって分類項目の漏れがなくなり、より網羅的・客観的に失敗パターンをリストアップすることができるようになります。このようにして整理したのが図表1-5です。

　既存の3とおりの分類に含まれているすべての失敗パターンをこの

表に配置するため、次の7個の新しい分類項目を使い、整理し直しました。

整理した失敗パターン
① 完成の遅延（完成時期が予定よりも遅れる）
② 機能の切り捨て（一部の機能をあきらめざるを得なくなる）
③ 開発者への不信（開発者に対する不信感が生じる）
④ 費用の超過（費用が当初の予算を超える）
⑤ 予想効果の過大（期待された効果が得られないことがわかる）
⑥ ユーザの拒絶（想定ユーザが使ってくれないことがわかる）
⑦ 頓挫・打ち切り（プロジェクトの進行が停止する）

　これらの新しい分類項目は、必ずしも既存の分類項目と一対一に対応してはいません。たとえば、筆者による分類項目「開発者に連絡しても回答が来なくなった」は、新しい分類項目「開発者への不信」と「頓挫・打ち切り」の片方だけに対応させることができず、2ヵ所に配置しなければなりませんでした。また、新しい分類項目「ユーザによる拒否」には、筆者による分類項目「完成したソフトウェアが使ってもらえない」と「作ってほしいものが作られてこなかった」の2つを対応させなければなりませんでした。しかしソフトウェア発注において考えられるあらゆる失敗は、この7種類の失敗パターンのどれかに分類することができました。

3 ソフトウェア発注が失敗する原因

ソフトウェア発注の失敗パターンをリストアップしたところで、その原因を考えてみます。失敗パターンは7つありましたが、その原因はいくつあるでしょうか？

■失敗を避けるための予防策

本章-2では、ソフトウェア発注の失敗パターンを7種類にリストアップしました。そこでここでは、それらの失敗を避けるための予防策を掘り下げていきます。まず、それぞれの失敗パターン1〜7について、それらの原因を考察して図にしてみましょう。それが図表1-6-1です。

この図を見ると、7種類の失敗パターンは、次の5つの原因から発生することがわかります。

●図表1-6-1　失敗パターンと、その原因

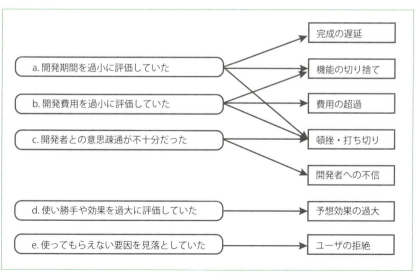

5つの原因

a. 開発期間を過小に評価していた
b. 開発費用を過小に評価していた
c. 開発者との意思疎通が不十分だった
d. 使い勝手や効果を過大に評価していた
e. 使ってもらえない要因を見落としていた

　つまり、これらの原因a〜eをすべて排除すれば、ソフトウェア発注のあらゆる失敗パターンを避けることができます。すべての失敗を避けることは難しくても、失敗が大きく減ることは間違いないでしょう。

■もう一段掘り下げる

　この考え方を、もう一段掘り下げてみます。上記の原因①〜⑤をよく見ると、そのうちの4つa・b・d・eはいずれも「事前の評価・検討が不適切であった」ことに起因しています。これを原因 x として図表1-6-2に追記してみます。

●図表1-6-2　失敗パターンと、その原因
（原因a・b・d・eの上流にある原因を追記）

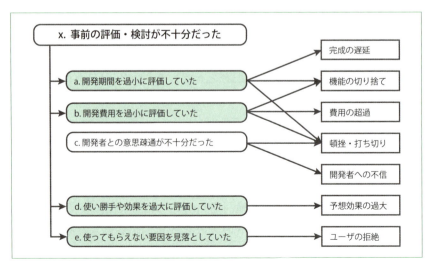

図表1-6-2を見ると、7種類の失敗パターン1～7は、実は次の2つの原因だけから発生していることがわかります。

2つの原因
x.　事前の評価・検討が不十分だった
c.　開発者との意思疎通が不十分だった

　ここで原因x、「事前の評価・検討が不十分だった」という原因を排除する方法を考えてみましょう。これはつまり、開発期間・開発費用・使い勝手や効果・使ってもらえない要因といったものを、事前に正確に評価・検討し、予想したいということです。発注者が予知能力でも持っていない限り、簡単に排除することができる課題ではないように思えます。

　ところが、そうではないのです。事前の評価・検討を、完全とはいえないまでも、よりしっかり行う方法は存在します。それは「同様のソフトウェア開発を過去に経験した人に教えてもらう」ことです。これから開発しようとしているのと同様のソフトウェアを過去に開発し、その一部始終を見てきた経験を持つ人の知見を活かすことができれば、想像だけで評価・検討を進めるよりも、はるかに正確な判断ができることに疑いはないでしょう。

　この「これから開発しようとしているのと同様のソフトウェアを過去に開発し、その顛末を見てきた経験を持つ人」とは、いったいどのような人でしょう？　著名なコンサルタントでしょうか？　ソフトウェア発注の指南書を書いた著者でしょうか？　いいえ、どちらも違います。そのような経験を最もたくさん持っているのは、プロのソフトウェア開発者にほかなりません。ソフトウェア発注プロジェクトの未来を少しでも予想するには、開発者の知見を活用するのがもっともよい方法です。

　ところが残念なことに、発注者、とくにものづくり現場にいる多くの発注者は、こうした評価・検討を自分たちだけでこなそうとする傾向があり、これがプロジェクトの失敗を多発させる大きな原因になっています。「事前の評価・検討が不十分だった」という原因が生じる背

景には、「ソフトウェア開発者の知見を活用しなかった」というさらに上流側の原因があります。「事前の評価・検討が不十分だった」理由のすべてが「ソフトウェア開発者の知見を活用しなかった」からであるとはいえませんが、かなり多くの部分がこの原因によって生じているものと考えられます。

　このように考えてくると、7種類の失敗パターン1～7の多くは、次の2つの原因から発生していると考えてよさそうです。

2つの原因
y. ソフトウェア開発者の知見を活用しなかった
c. 開発者との意思疎通が不十分だった

この2つの原因さえ排除すれば、ソフトウェア発注のあらゆる失敗パターンを大きく減らすことができます。
　ところで、この2つの原因には、共通するものがあります。それはいずれも、発注者とソフトウェア開発者の間にしっかりした信頼関係があり、コミュニケーションが良好になされていれば避けられるものだったということです。そのことを踏まえ、さらに図表1-6-3のように描き直してみましょう。
　図表1-6-3を見ると、7種類の失敗パターン1～7のすべてが原因「z. ソフトウェア開発者とのコミュニケーションに問題があった」という原因から生じるとわかります。最上流の原因が、たった1つになってしまいました。

■導かれた結論の思考実験

　この驚くべき結論が本当に正しいかどうか、簡単な思考実験をしてみましょう。発注者と開発者の間にしっかりした信頼関係があり、きわめて良好なコミュニケーションがなされている、そんな理想的なソフトウェア発注プロジェクトを想像してみてください。先に挙げた5つの副次的原因a～eは果たして生じてくるでしょうか？

● 図表 1-6-3　失敗パターンと、その原因（さらに上流にある原因を追記）

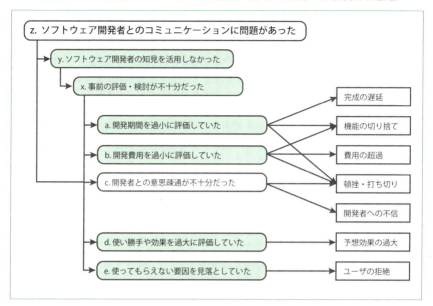

a. 開発期間を過小に評価していた
b. 開発費用を過小に評価していた

　ソフトウェア開発者は「どのようなソフトウェアを作ると、どのくらいの期間・費用がかかるか」を、過去の経験を参考にして、ある程度正確に予想することができます。そのため、作りたいソフトウェアの構想についてを発注者と開発者がしっかり共有していれば、期間はどの程度なのかを開発者に尋ねることにより、ムリのないスケジュールや予算計画を立てることができます。したがって a や b のような事態は非常に起きにくくなります。

d. 使い勝手や効果を過大に評価していた
e. 使ってもらえない要因を見落としていた

ソフトウェア開発者は、これから作ろうとするソフトウェアの長所や可能性、短所や制約を、過去の経験を参考にしてある程度正確に予想することができます。そのため、作りたいソフトウェアについての構想を発注者と開発者がしっかり共有していれば、つくってみてから「こんなはずではなかった」となる恐れを大きく減らすことができます。したがって、dやeのような事態は非常に起きにくくなります。

c.　開発者との意思疎通が不十分だった

　当然のことながら、良好なコミュニケーションがなされていれば、cのような事態は発生しようがありません。

　考えてみてください。開発完了までに必要になる期間や費用を、発注者が的確に予想することができるでしょうか？　まだ見ても触ってもいないソフトウェアの長所や短所を、発注者がリアルに想像することができるでしょうか？　付き合い始めて間もない開発者が何を求めているのか、発注者が言い当てることはできるでしょうか？
　発注者だけがいくら考えても、そうしたことはなかなかできるものではありません。発注者側だけで実践できる対策は限られているのです。発注者は、開発者とのコミュニケーションをしっかりと保ち、開発者に具体的な対策を教えてもらう、あるいは実践してもらうしかないという事実にあらためて気付くでしょう。
　発注者が開発者とのコミュニケーションの重要性を認識し、コミュニケーションを良好に保つことは、ソフトウェア発注プロジェクトにおけるあらゆるパターンの失敗を避ける上で非常に有効です。筆者の知る限り、ソフトウェア発注の失敗は、その「ほとんどすべて」が、発注者が開発者とのコミュニケーションの重要性を認識していなかったことから生じています。

　それでは、わが国のソフトウェア発注プロジェクトで、それほど重要であるはずのコミュニケーションがしっかり取られていないのはいった

いなぜでしょうか？ 書店で見かけるソフトウェア発注の指南書［8］［9］［10］［11］［12］［他］などには、「開発者とのコミュニケーションを重視しろ」と、さほど強調されていないのはなぜでしょうか？ コミュニケーションがうまくいかないのは、発注者や開発者の個人的な人柄や性格の問題だからでしょうか？ コミュニケーションを取ることは人間としての常識であり、技術書で論じるようなことではないことだからでしょうか？

　いいえ、そういった漠然とした理由ではありません。もっとわかりやすく、技術的な必然性があり、具体的な対策を講じることができる理由です。それがいったい何であるのかは、本書を読み進めていくうちに明らかになるはずです。

第2章

ソフトウェア・ソフトウェア開発・ソフトウェア開発者

　本章～第4章では、第5章以降で述べる「ソフトウェア発注を失敗させない方法」を理解するために必要な予備知識について解説します。手始めに本章では、ソフトウェアという「もの」、ソフトウェア開発という「仕事」、ソフトウェア開発者という「人」の3つを取りあげます。ソフトウェア発注プロジェクトを成功させるには、少なくともこの3つを正しく理解しなければなりません。ところが実際は、ソフトウェア開発やソフトウェア開発者のことを十分に理解せずに発注に踏み切り、失敗に至るケースが後を絶ちません。「敵を知り、己を知れば百戦危うからず」（孫子）という言葉もあります。まずはソフトウェア発注に関わる「もの・仕事・人」について、本章でしっかり理解しておきましょう。

1 ソフトウェアとはどういうものなのか

私たちが毎日使い、またこれから作ろうとしているソフトウェアとはいったいどのようなものなのでしょうか？　その基礎をここでざっと復習しておきましょう。

　前ページをお読みになった読者からは、「これからソフトウェアを発注しようとしている自分が、ソフトウェアのことを知らないわけがない」という声が聞こえてきそうです。本書が想定する「ものづくり現場を職場とする読者」の多くは、ソフトウェアに関してある程度の理解はお持ちかと思います。しかし、発注を最終的に承認する決裁者や、発注事務に携わる購買担当の方の中には、基礎知識を十分に持っていない人もいます。またソフトウェアのことを十分理解していると信じているものの、実はいろいろなことを誤解している人もいます。ソフトウェアとプログラムの違いがわからない方、「ソースコード」や「コンパイル／インタープリット」といった言葉をご存じない方は、ぜひここから読み始めてください。

■ハードウェアとソフトウェア、そしてプログラム

　コンピュータシステムの構成要素(本来の動作をするのに必要なもの)のうち、少しでも重さを持つものを「ハードウェア（hardware）」と呼びます。たとえばパソコン本体、パソコンに接続されるキーボードやマウス、ディスプレイやプリンタ、USBドライブ（いわゆる「USBメモリ」）などの外付け機器、各種のケーブル、CDやDVDなどの記録媒体、パソコンのケースや、それに内蔵されているCPU・メモリ・ドライブ……、こうしたものは、それがどんなに小さくても多少なりとも重さを持っているので、すべて「ハードウェア」です。

　これに対して、やはりコンピュータシステムの構成要素のうち、まったく重さを持たないものを「ソフトウェア（software）」と呼びます。パソコンのディスクドライブにインストールされるWindowsなどの

OS（operating system）はソフトウェアです。パソコンに OS をインストールしたとしても、その重さはまったく変わらないからです。

余談ですが、家電量販店のソフトウェアコーナーなどに陳列されているソフトウェア製品、これらは実はソフトウェアではなく、ハードウェアです。これらには重さがあるからです。ソフトウェアの記録されているハードウェアを「ソフトウェア」と称して販売しているわけです。

ソフトウェアのうち、コンピュータに「命令（instruction）」の集まりとして解釈されるものを「プログラム（program）」と呼びます。ここでの「命令」とは、コンピュータに「どのように動作するか」を指示する単位のことを指します。

また、コンピュータがプログラムから命令を読み出し、その指示に従って動作することを、プログラムの「実行（execution）」と呼びます。そこで、「プログラムとは、コンピュータが実行することのできるソフトウェアのことである」と言い換えることができます。また「アプリ（app）」「ソフト（soft）」といった言葉がありますが、これらも基本的にはプログラムと同じ意味です。アプリもソフトも、その実体は命令の集まりであり、コンピュータに実行されることによってさまざまな働きをします。ちなみに「命令の集まりとして解釈されるとは限らない」ソフトウェアは「データ（datum／data）」[1]と呼ばれます。

コンピュータにプログラムを与えて実行を指示すると、コンピュータはプログラムをその先頭[2]から読み出していき、次々と現れる命令ごとに、あらかじめ定義されている処理（process）を行います。命令の種類はそれほど多くはなく（たいてい数十〜数百種類）、

---

[1]: この定義からもわかるように、すべてのソフトウェアがプログラム・データのいずれかに分類されるわけではありません。むしろ、ほとんどのプログラムはデータとしても扱われています。これに対してデータは、そのすべてがプログラムであるとは限りません。プログラムとして扱うことのできないデータもたくさん存在します。
[2]: 正確には、プログラムの形式によって決まる所定の位置（エントリアドレス：entry address）から命令が始まっており、それは必ずしもプログラムの先頭ではありません。プログラムの先頭に命令ではなく、代わりにプログラムの形式を記述するための目印（ディスクリプタ：descriptor）が置かれていることもあります。しかし、命令がプログラムの先頭から始まっているかどうかは本書ではあまり重要ではないので、ここではひとまず「先頭」と記しました。

個々の命令に対応する処理の内容も至って単純なものです。それぞれの処理は、ハードウェアとしてのコンピュータを構成する、数百億個以上もある電子回路のうちのいくつかの状態を変化させます。

そうした変化の中には、ディスプレイに表示されたりして外から見えるものもありますが、ほとんどの変化は外からまったく見えません。処理を実行しても、コンピュータには何も変化が起きていないようです。しかし個々のプログラムには多数（ごく小さなプログラムでも数千個）の命令が連なっており、その組み合わせはさらに膨大となって、目的とする機能や動作を実現するのに十分な、きわめて大きな数になります。

そして、一部の処理によってコンピュータの外に現れる表示や動作が、ユーザにとって意味のある、役に立つものになります。さまざまなアプリやソフトの変化に富んだ機能や動作は、すべてこうした基本的な処理の組み合わせによって生じる膨大な自由度によって実現されています。

■ソースコードとバイナリ形式

プログラムはコンピュータに対する命令の集まりですから、コンピュータが解釈する（その意味を読み取る）ことのできる言葉（言語）で書かれていなければなりません。電子回路であるコンピュータは、私たちが普段使っている話し言葉や書き言葉（自然言語：natural language）よりも、電圧や電荷に直接対応する「数字」を扱う方が得意です。そのためほとんどのコンピュータでは、数字を並べた形式でプログラムを用意します。とくに一般的なコンピュータでは、内部にある電子回路の所定の部分に電圧がかかっているかどうか、電荷がたまっているかどうかというように、「はい／いいえ」[*3]の2つの状態でデータを表すことが多いので、0と1の2つの数字だけを扱う「2進数(binary)」がよく使われます。2進数であればこうした電子回路の状態と数字が一対一対応するので、相互の変換を行う電子回路も非常に単純なものですむからです。このように2進数で表記されたプログラム形式のことを「バイナリ形式」とか「実行可能（executable）形式」と呼びます。

コンピュータは、直接的にはバイナリ形式のプログラムしか実行することができません。しかしプログラムを作るソフトウェア開発者から見

●図表 2-1　人間は自然言語しか扱えないが、コンピュータはバイナリ形式を好む

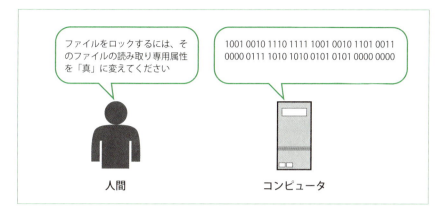

●図表 2-2　人間とコンピュータの両方が扱うことのできるプログラミング言語

ると、バイナリ形式のプログラムはとても読み書きできるものではありません。人間である開発者は、自然言語を理解することはできても、数字の羅列にしか見えないプログラムを読んで解釈する能力は持っていないからです。

　そのためソフトウェア開発者はプログラムを書くのに、自然言語を模して作った人工言語（artificial language）である「プログラミング言

＊3：2つの状態を表すのに「はい／いいえ」だけでなく、「あり／なし」、「オン／オフ」、「真（正しい）／偽（正しくない）」といった言葉を使うこともあります。

●図表 2-3　プログラムを作り、コンピュータに実行させる手順の流れ

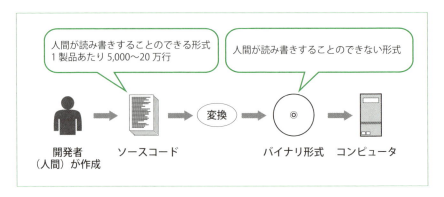

語（programming language）」を使います。プログラミング言語で書かれたプログラムのことを「ソースコード（source code）」（ソースとは英語で「おおもと」という意味）と呼びます。つまり人間とコンピュータの両方が扱うことのできる言語、それがプログラミング言語です。プログラミング言語は、自然言語と異なる人工言語ではありますが、私たちが使い慣れた自然言語の良さを活かすように工夫されているので、無機的なバイナリ形式に比べるとはるかに読みやすくなっています。

　コンピュータにプログラムを実行させる際には、ソースコードをバイナリ形式に変換し、それを実行させます。コンピュータはプログラミング言語で書かれたソースコードを解釈することができますが、命令そのものの集まりであるバイナリ形式ほど能率よく処理することができません。そこで、プログラムをソースコードのままでコンピュータに渡したのでは、ユーザがプログラムを使うたびに毎回待たされることになってしまいます。そこで通常は、ソースコードをあらかじめバイナリ形式に変換してからコンピュータに渡します。

　ソースコードをバイナリ形式に変換することを「コンパイル（compile）」（英語で「編纂する」という意味）、あるいは「インタープリット（interpret）」（英語で「通訳する」という意味）と呼びます。コンパイルとインタープリットは同じものではなく、変換が行われる場所とタイミングが異なります。開発者があらかじめソースコードをバイナリ形式に変換しておく場合には「コンパイル」、コンピュータ自身が実行

●図表2-4　コンパイル方式とインタープリット方式

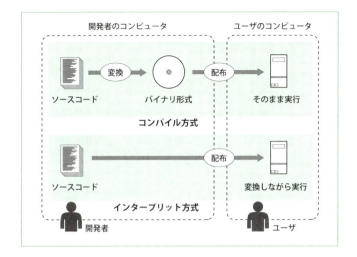

の直前にソースコードをバイナリ形式に変換する場合には「インタープリット」と呼ばれます[*4]。私たちの身の周りにあるプログラムでいうと、WindowsなどのOSや、Word・Excelなどのアプリケーションプログラムは、配布時にすでにバイナリ形式に変換されている「コンパイル方式」のプログラムです。これに対し、ウェブページ（いわゆる「ホームページ」）によく組み込まれている「JavaScript（ジャバスクリプト）」プログラムは「インタープリット方式」、つまりソースコードのままダウンロード・配布されるプログラムです。インタープリット方式ではコンピュータが直接ソースコードを実行しているようにも見えますが、実は内部でバイナリ形式に変換してから実行しています。

　抽象的な話が長くなってきたので、ここで実際のプログラムを例に取りあげ、バイナリ形式のプログラムと、そのソースコードを見てみるこ

[*4]：コンパイル方式とインタープリット方式だけでなく、最近では両者の「いいとこ取り」をした「中間言語方式」という方式もよく使われています。たとえば「Java（ジャバ）」というプログラミング言語で書かれたプログラムや、「.NET（ドットネット）」というプラットフォームで動作するプログラムは、この中間言語方式のプログラムです。ただ、コンパイル方式・インタープリット方式・中間言語方式のいずれでも、コンピュータが実行するプログラムをソフトウェア開発者が直接書くわけではありません。ソフトウェア開発者が書くのはあくまでソースコードです。

●図表2-5 バイナリ形式のプログラムをダンプ表示させたところ

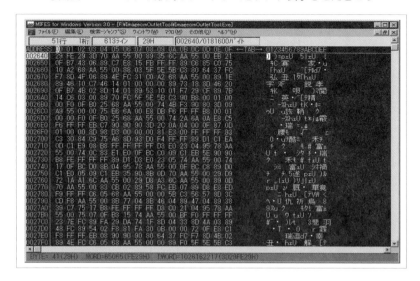

とにしましょう。次の図は筆者の手もとにあるプログラム（バイナリ形式）の一部を、「バイナリエディタ」と呼ばれる種類のソフトウェアの1つ「MIFES（マイフェス）」で表示させたものです。

　このような形式の表示を「ダンプリスト（dump list）」と呼びます。プログラム全体が、0〜9とA〜F、全部で16個の文字（16進数字）の並びとして表示されています。これは「16進表記（hexadecimal representation）」と呼ばれ、もともとは2進数で記述されているバイナリ形式をスマートに表記するために考案された表記方法です。2進数では0と1の2文字しか使えないので、これをそのまま表記するととても長くなってしまい、読み間違いも起きやすくなります。そこで2進数を4桁ごとに区切り、それぞれを次のように1桁の16進数字に置き換えて表記する方法が考案されました。これが16進表記です。

　もとの2進表記に比べ、16進表記では長さを4分の1に短くすることができます。MIFESはダンプリストをさらに読みやすくするため、16進数字を2桁ごとに区切って表示しています。このように変形されてはいますが、実質的にはプログラムが2進数字の並びとして作られていることがわかるでしょう。

●図表 2-6　2 進表記と 16 進表記の対応

2進数	16進数	2進数	16進数	2進数	16進数	2進数	16進数
0000	0	0100	4	1000	8	1100	C
0001	1	0101	5	1001	9	1101	D
0010	2	0110	6	1010	A	1110	E
0011	3	0111	7	1011	B	1111	F

　MIFES などのバイナリエディタには、読みにくいバイナリ形式を少しでも読みやすく表示しようとする各種の工夫が盛り込まれています。それにもかかわらず、この 16 種類の英数字の羅列を見ただけでは、このプログラムがどのような動作を記述しているのか、ほとんど想像することができません。ダンプリストに表示されている英数字（16 進数字）は、まるででたらめであるように見えます。よく見ると「00 や FF がちょっと多く含まれているようだ」といったことに気づきますが、それだけではまったく解読のヒントになりません[*5]。

　これに対して、図表 2-7 を見てください。これは同じプログラムのもとになったソースコードの一部を、「テキストエディタ」と呼ばれる種類のソフトウェアの 1 つ、Windows に付属する「メモ帳（notepad）」で表示させたものです。

　バイナリ形式のプログラムをバイナリエディタで表示させたダンプリストに比べると、ソースコードからはずっととっつきやすい印象を受けることでしょう。プログラミング言語のことをほとんど知らなくても、「DoOnFinishCopyFile」という語句が見られることから「ファイルのコピーが終わったときに何かをしているようだ」とわかりますし、「SetFileDateTime」という語句が見られることから「ファイルに日時を設定しているようだ」といった推測もできます。

　この例で使ったプログラムは、筆者が主に使っている「Delphi（デルファイ）」というプログラミング言語で書かれたものです。Delphi は後述する「オブジェクト指向プログラミング」言語の 1 つであり、そ

＊5：バイナリ形式のプログラムには、実行時の動作が速いというほかに、他者に改ざんされにくいというメリットもあります。これはバイナリ形式のプログラムが人間にとってきわめて読みにくいことを、逆手に取って利用しているわけです。

●図表 2-7　ソースコードをテキストエディタで表示させたところ

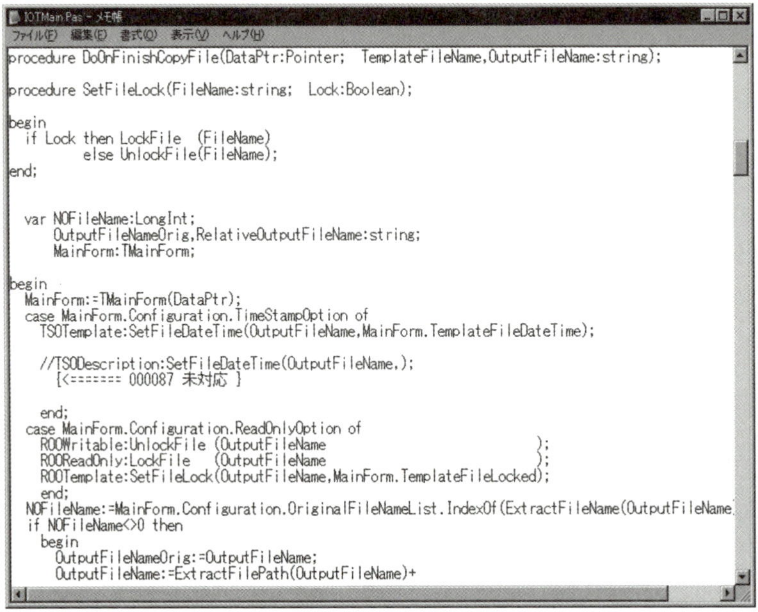


```
procedure DoOnFinishCopyFile(DataPtr:Pointer;  TemplateFileName,OutputFileName:string);

procedure SetFileLock(FileName:string;  Lock:Boolean);

begin
  if Lock then LockFile  (FileName)
          else UnlockFile(FileName);
end;


  var NOFileName:LongInt;
      OutputFileNameOrig,RelativeOutputFileName:string;
      MainForm:TMainForm;

begin
  MainForm:=TMainForm(DataPtr);
  case MainForm.Configuration.TimeStampOption of
    TSOTemplate:SetFileDateTime(OutputFileName,MainForm.TemplateFileDateTime);

    //TSODescription:SetFileDateTime(OutputFileName,);
      {<======= 000087 未対応 }

    end;
  case MainForm.Configuration.ReadOnlyOption of
    ROOWritable:UnlockFile (OutputFileName                        );
    ROOReadOnly:LockFile   (OutputFileName                        );
    ROOTemplate:SetFileLock(OutputFileName,MainForm.TemplateFileLocked);
    end;
  NOFileName:=MainForm.Configuration.OriginalFileNameList.IndexOf(ExtractFileName(OutputFileName
  if NOFileName<>0 then
    begin
      OutputFileNameOrig:=OutputFileName;
      OutputFileName:=ExtractFilePath(OutputFileName)+
```

れを使って書かれたソースコードがきわめて読みやすい＊6という特長を持っています。オブジェクト指向プログラミングが普及する前のプログラミング言語、たとえば「Fortran（フォートラン）」や「BASIC（ベーシック）」で書かれたソースコードはここまで読みやすくはありませんでした。あまりにもこんがらがっているために「スパゲッティプログラム」などと呼ばれる、読みにくいソースコードもよく見られたものです。しかしオブジェクト指向プログラミングが出現したことにより、ソースコードは本当に読みやすくなり、スパゲッティプログラムを目にすることもすっかりなくなりました。この革新的な考え方「オブジェクト指向プログラミング」については、第3章-1で詳しく説明します。

＊6：プログラムなどの読みやすさを「可読性（readability）」といいます。プログラムの可読性は、かつてはそれほど重視されていませんでしたが、最近では非常に重視されるようになりました。

2 ソフトウェア開発とはどういう仕事なのか

> 私たちが発注しようとしているソフトウェア開発とはいったいどのような仕事なのでしょうか？ その内容や性質をよく知り、失敗を避けるヒントにしましょう。

　本章-1 では、ハードウェアからプログラミング言語まで、ソフトウェアに関するもっとも基礎的な知識を記しました。それを踏まえて、ここでは「ソフトウェア開発とはどのような仕事なのか」について述べます。こちらの知識もソフトウェア発注プロジェクトを成功させる上で絶対に必要なものですので、ぜひしっかり理解しておいてください。

■ソフトウェア開発は創作活動である

　「ソフトウェア開発（software development）」という言葉には、人に誤解を生じさせやすい要素がいくつか含まれています。文字上は「ソフトウェアを開発すること」を意味していますが、ほとんどの場合には「プログラムを開発すること」という意味で使われています。ソフトウェアには、コンピュータが実行することのできる「プログラム」だけでなく、プログラムに読み出されて使われる「データ」が含まれます。ですから「ソフトウェア開発」という言葉には、本来「データ開発」も含まれるはずですが、こちらにはたいてい「データ作成」という言葉が使われ、「開発」と呼ばれることはほとんどありません。「ソフトウェア開発」よりも「プログラム開発」の方が適切な言葉であると思えます。

　また「ソフトウェア開発」という言葉に含まれている「開発」も、何かと誤解を生じさせやすい言葉の使い方だと言えます。ソフトウェアを含まない従来の工業製品、たとえば多くの家庭用品などでは、「開発」という言葉は「新製品の設計仕様を固める行為」、あるいは「新製品のつくり方を決める行為」を意味します。実際に製品をつくる行為は「製造（manufacturing）」と呼ばれ、「開発（development）」とは明確に区別されます。開発者が製品を試作するのはあくまで「開発」であり、

これを「製造」と呼ぶことはありません。また生産ラインで次々と製品を作っていくのはあくまで「製造」であり、「開発」とは呼ばれません。

　ところがソフトウェアになると、「開発」と「製造」の境界がほとんどなくなります。ソフトウェアの複製はとても簡単にできるので、開発が終わってしまえば製造は済んだも同然だからです。この「開発が終わると製造は済んだも同然」というのは、何もないところから芸術作品や文学作品を生み出す「創作活動（creative activity）」が一般的に持っている特徴です。つまりソフトウェア開発とは、一種の創作活動であると言えます。「ソフトウェア開発」という言葉は、むしろ「ソフトウェア創作」、せめて「ソフトウェア作成」などと言い換えた方が、この仕事の本質を的確に表します。ソフトウェアというのは、工業製品というよりもむしろ、芸術作品や文学作品に近い性質を持つ手作り品であると言えます。

　芸術家や作家がよく「生みの苦しみ」を語るように、創作活動には特有の苦心が付きものです。アイデアやひらめきといった偶発性に頼らないといけない、一定の努力をすれば確実に進むというものではない、スランプに陥るとどんなに焦っても成果が出ない、積み重ねてきた努力がムダになることが多い、作者ごとの個性や巧拙が作品に顕著に現れる……といった仕事の性質は、芸術家や作家が行う創作活動でも、ソフトウェア開発でも変わりません。日ごろから感性や技術を磨いたり道具を揃えたりしておく、作り始める前には入念に計画を立てる、作り始めたらすべての神経を創作に集中させる……といった仕事のやり方もよく似ています。

　仕事の分量の観点でも、芸術家や作家の仕事とソフトウェア開発には似たところがあります。筆者の所属する株式会社イマジオムの過去のソフトウェア開発経験に照らすと、売り物となるプログラムを1つ作るのに書かなければならないソースコードの分量は5,000〜200,000行程度でした。100行を1ページに換算すると[*7]、この分量は50〜2,000ページに相当します。すなわち1本のプログラムを作るというのは、1冊の小冊子、あるいは何冊かの本からなるシリーズを書き上げるのと同程度の作業量だといえます。作るものにもよりますが、平均的には1

つのプログラムを数週間かけて作り上げる感じです。

　しかし芸術家や作家の仕事とソフトウェア開発の間には違いもあります。大きな違いの1つが「作ったものの使い回しができるかどうか」です。芸術作品や文学作品では、いったん編み出した「作風」を使い回すことはあっても、作ったものの一部または全部をそのまま別の作品に流用することはほとんどできません。これに対してソフトウェア開発では、作ったプログラムの一部、場合によってはほぼ全部を他のプログラムに流用することが許されますし、実際に開発の現場でもそのような流用がよく行われています。この「作ったものの使い回しができる」という点は、ソフトウェア開発という仕事を理解する上で非常に重要です。

■バグとデバッグ

　プログラムが一品ごとの手作り品である以上、それには作者（開発者）の人的なミスが付きものです。それによって発生したプログラムの欠陥は「バグ (bug)」と呼ばれます。バグとは英語で「虫」のこと。野菜や果物に穴をあけ、商品としての価値を台なしにしてしまう虫を想像してみてください。プログラムにバグが混入すると、そのプログラムが期待した動作をしなくなったり、いきなりフリーズ（操作不能になること）やクラッシュ（強制終了させられること）をするようになったり、そもそも起動しなくなったりと、いろいろ望ましくない挙動をします。ごく軽微なバグは不具合として現れないこともありますが、たいていはそのプログラムを使うユーザに何かしらの不便を強いることになります。とくに不具合の程度が重いと、そのプログラムはまったく使いものにならなくなってしまいます。

　プログラムにはどのくらいのバグが含まれているものでしょうか？　平均的なソフトウェア開発者は、プログラムのソースコードを書くとき、

＊7：ソースコードの行は全体的に短い上、空行（文字の書かれていない行）も多く含まれていますので、一般的な書籍に比べて1ページあたりの密度はずいぶん低くなっています。一般的な書籍は1ページあたり30〜40行ですが、ここでは1ページあたり100行として計算してみました。

100行あたり1～3個のバグを入れてしまうという調査結果があります[13]。しかし、ただ1つの考え違いから生じたバグを何ヵ所かに入れてしまうこともあり、そうしたバグは「1個」として数えるのが適当だと思われます。バグの数を「考え違いの数」として数えるなら、おそらく1,000行あたり数個という数字になるでしょう。筆者の手もとには、自社で開発したソフトウェア製品のバグを記録・管理する台帳がありますが、それを見ると、これまでに作ってきた合計約50万行のソースコードに対して、約500個のバグを見つけてきたことがわかります。すなわち、1,000行あたり1個のバグを発見してきたということです。それらのバグの中には、コメント（プログラム上に書き込んだ覚え書き）の誤字など、コンパイルしてバイナリ形式に変換すればまったく違いがなくなるごく軽微なミスも含まれていますし、複数のプログラムにわたって30ヵ所以上を修正する羽目になった大きな考え違いも含まれています。

ソフトウェア開発を考えるとき、バグを無視することはできません。なぜならソフトウェア開発において、バグを取り除くための「デバッグ（debug）」作業は、開発全体のうちで無視できない割合を占めるからです。プログラムを作るのと同等以上の作業量をデバッグのために費やすことはよくありますし、場合によっては作業量の90％以上をデバッグが占めることもあります。しかもプログラムの作成と異なり、デバッグはその作業量を事前に見積もることがきわめて困難です。あと1日で開発が終わりそうだと安心した直後に大きなバグが見つかり、開発者を奈落の底に突き落とすといった事態は珍しくありません。こんなバグは1日でやっつけることができるだろうと思っていたのに、ふたを開けてみたら3ヵ月かかったということもあります。バグとの戦いは、まさに「一寸先は闇」という言葉を地で行くような取り組みです。

デバッグ作業は実質的に「推理」です。刑事や探偵が犯行現場に残った証拠をもとに犯人を絞り込んでいくのと同様、ソフトウェア開発者はプログラムの挙動をもとに、原因となっているバグを突き止めていきます。プログラムの一部を改変して挙動がどのように変わるかを観察してみたり、プログラムの内部状態を実行中に表示させてみたり、プログラムを1行ずつ実行（ステップ実行）させてみたり、他のコンピュータ

や他の OS で実行させてみたり、使用するモジュールの代わりにシミュレータを作って試してみたり、考えられるあらゆる手段を駆使して推理を進めていきます。その際には、ソフトウェア開発者自身の知識と経験も最大限に活用することが求められます。ソフトウェア開発者の技術力がもっとも試されるのがこのデバッグ作業であると言っても過言ではありません。

　バグにはいろいろなものがありますが、最近はデバッグ用のソフトウェアツール（デバッガ）も充実してきたので、決まった手順で確実に再現させることができるタイプの不具合であれば、その原因となっているバグを究明し、修正することはさほど大変ではなくなってきました。しかしながら、低頻度で偶発的に発生する不具合は、依然としてソフトウェア開発者にとって手ごわい相手です。たとえば長期間にわたって動作させるソフトウェアで、最初のうちはそれらしく動作しているのに、何日か経つと突然不具合が発生して動作しなくなるようなものがそれです。こうしたタイプの不具合では、まずそれを発生させて事象を観察するだけでも数日かかります。そして幸運にもバグを突き止め、ソフトウェアを直すことができたとして、本当に不具合が発生しなくなったかどうかを確かめようとすると、さらに数日以上を要します。ほとんどの場合、不具合動作を 1 回観察しただけでバグを突き止めることはできません。あれこれ試行錯誤していると、あっという間に何ヵ月も過ぎてしまいます。しかもバグを直したつもりなのに、それが新たな不具合の原因になることがあります。そうしたことが繰り返され、デバッグがいつ終わるのかがまったく見通せない状況に陥ることがあります。こうした状況は「デスマーチ（death march）」（英語で「死の行進」という意味）などとも呼ばれ、果てしなく続く強いストレスで精神的にまいってしまう開発者も少なくありません。

　ソフトウェアの不具合の多くはソフトウェア開発者の人的なミスによるものですが、すべての不具合がバグに起因するとは限らないことも問題を複雑にしています。たとえば動作させる動作環境や接続している機器、使用している OS やライブラリにもともと含まれていたバグ、ユーザによる想定外の使い方……といった、開発者のミスではない原因に

よって生じる不具合もあります。バグだと思って何ヵ月も悪戦苦闘したのに、結局のところ、パソコンに接続されている周辺機器が、そばにあった工作機械からの電磁ノイズを受けて誤動作しているだけだったという例もありました。ソフトウェアの不具合対策にはとかく手がかかります。

■開発にかかる期間・費用を決める要因

　次にソフトウェアを開発するのにかかる期間・費用について考えてみましょう。「1つのプログラムを数週間かけて作り上げる」と書きましたが、実際のソフトウェア開発では期間・費用がプロジェクトごとに大きく変わります。プロジェクトがどのように進むのか、どれだけ大変な作業になるのかは、実際にやってみないとわからないものです。仮にまったく同じ能力を持つ複数の開発者がおり、それぞれが独立にまったく同じソフトウェアを開発するとしても、それぞれのプロジェクトにかかる期間・費用には何倍もの開きが現れるはずです。

　ソフトウェア開発に要する期間や費用を正確に見積もるため、その作業量を予測しようという取り組みもあります。「ソフトウェアメトリクス（software metrics）」という研究分野がそれで、各種の予測手法[14]も提案されています。しかし残念ながら、そうした手法は誰もが簡単に使えるものではありません。総じて煩雑な解析や複雑な計算が必要であり、また解析や計算のもとになる情報を集める必要もあるからです。そもそもソフトウェアの開発にかかる期間や費用は、開発する内容だけで決まるものではありません。開発者の持っている能力や道具、開発者や開発プロジェクトが置かれている環境や状況など、多くの要因の影響を受けます。ソフトウェア開発にかかる期間や費用を正確に予測することはきわめて困難です。それらを正確に予測することのできる簡便で汎用的な手法は現在存在しておらず、近いうちにそうした手法が出現することもまったく期待できません。

　ソフトウェアにはさまざまなものがあります。規模が小さいもの、大きいもの、作るのが簡単なもの、難しいものもあります。そこで、ソフトウェアを発注する金額にはいわゆる「相場」がありません。発注者と開発者がその都度話し合って（交渉して）決める必要があります。納期

についても同様の交渉が必要です。しかしこの現実に対して困惑する発注者は少なくありません。ソフトウェア開発にかかる期間や費用が予測できないのに、何を根拠にして交渉すればいいのでしょうか？ 開発者から示された納期や金額をそのまま受け入れる以外、いったい何ができるのでしょうか？

　発注者のそうした疑問に対し、1つのヒントがあります。それはソフトウェア開発の期間や費用に影響を与える要因に3つの種類があるということです。たくさんある要因のすべては、「発注者にも見える要因」「開発者にしか見えない要因」「ギャンブル的な要因」のいずれかに分類することができるのです。図表2-8、図表2-9のようになります。

　そしてこれらの要因のうち、「開発者にしか見えない要因」がとくに多くを占めています。これに対し、発注者と開発者のどちらにも見える「発注者にも見える要因」や、発注者と開発者のどちらにも見えない「ギャンブル的な要因」は多くありません。ソフトウェア開発に要する期間や費用は非常に予測しにくいものですが、開発者は発注者よりもだいぶ予測がしやすい立場にいるということがわかります。これはとても重要なことです。

　実際のソフトウェア発注では、見積もりを提示された発注者が「このソフトウェアを開発するのに、なぜこんなに費用がかかるのか？」と感じる場面がよくあります。予想していたのよりもずいぶん高い見積もりが提示されると、発注者は心穏やかではいられません。「この金額をそのまま受け入れていいのか？」という疑念が生じるでしょう。開発者を疑ったり、むやみに値切ったりする発注者もいます。そうしたときにやるべきは、ソフトウェア開発の期間や費用に影響を与える要因の多くが「開発者にしか見えない」種類のものであることを思い起こし、開発者は頭の中で「開発者にしか見えない」要因を評価しているのだと意識することです。そうすれば開発者から見積もり金額を押し上げている個々の要因について説明してもらい、それを理解することが交渉の第一歩だとわかるでしょう。このような理知的な対応により、「開発者にしか見えない要因」がだんだん「発注者にも見える要因」に変化し、双方にとって納得のいく交渉結果に収束していくのです。

●図表 2-8　ソフトウェア開発の期間や費用に影響を与える 3 種類の要因

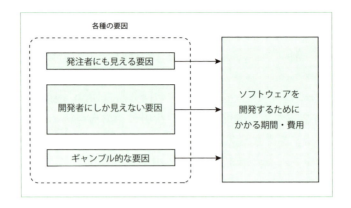

●図表 2-9　ソフトウェア開発の期間や費用に影響を与える要因の例

要因の種類	要因の例
発注者にも見える要因	開発するソフトウェアの規模
	開発するソフトウェアに要求される性能
	開発するソフトウェアに課される制約
開発者にしか見えない要因	ソフトウェア開発に関する専門知識
	開発者の技術力
	開発者の得意分野
	開発者の開発経験
	開発者が保有しているソフトウェア部品
	開発者が保有している開発用ツール
	開発者の身体的・精神的な状態
	開発者への業務集中
	オープンソースソフトウェアの存在
	ミドルウェア／プラットフォームの存在
	技術ドキュメント／参考情報の存在
	開発者コミュニティの存在
	開発協力者の存在
	開発するソフトウェアの技術分野
	開発するソフトウェアの研究調査性
	開発するソフトウェアのデバッグ性
	開発するソフトウェアの結合性
ギャンブル的な要因	試行錯誤の回数
	デバッグの進み方

■研究調査性によって変わるソフトウェア開発の性質

　最後に、筆者が「研究調査性」と呼んでいるものについて触れておきます。「研究調査性」とはソフトウェアの性質を表す尺度の1つで、「そのソフトウェアを作るために、どれだけ研究や調査をしなければならないか」ということです。ソフトウェアの研究調査性は、前項でリストアップした「ソフトウェア開発の期間や費用に影響を与える要因」の1つであり、かつソフトウェア開発という仕事の性質、難易度や不確実性を変化させる重要なものです。ぜひ頭の中に入れておいてください。

　研究調査性のイメージをつかむには例を見てみるのが早道です。まず研究調査性が低いソフトウェアの方からいくつかを見てみましょう。最初の例は、通信販売を行うウェブサイト「ネットショップ」[*8]です。このソフトウェアは次のような機能を持っています。

① 商品画像を一覧表示する機能
② 商品を検索する機能
③ 商品を選んでショッピングカートに入れる機能
④ ユーザ情報をサイトに登録する機能
⑤ ユーザがログインする機能
⑥ ユーザから注文代金を受け取る機能
⑦ 注文を受けたことを運営者に知らせる機能

　多くの機能を持つネットショップは、一見すると作るのが大変そうです。しかしこれらの機能は、ほとんどのネットショップで共通に必要となるものです。よく使われる機能は、そのためのソフトウェア部品がどこかに存在しています。たとえば過去にネットショップを作ったことがあるソフトウェア開発者は、ネットショップを作るのに役立つソフトウェア部品を持っています。また部品が商品として販売されているこ

＊8：ネットショップはウェブサイトであり、ソフトウェアではないのではないかと思われるかもしれませんが、実はこれも、ウェブサイトを公開するウェブサーバや、ウェブサイトを閲覧するユーザのコンピュータで動作する、立派なソフトウェアです。

ともあれば、誰かの厚意による「オープンソースソフトウェア（open source software：OSS）」として無償で公開されていることもあります。多くの人に何度も使われているこうした部品は、使い方が簡単で信頼性も高く、それを使いこなすために必要な情報も豊富に得られます。ネットショップを作る開発者は、こうした部品を活用して開発の期間や費用を大きく削減することができます。そのため機能が多い割には開発がスムーズに進むのです。

　大きな会社や団体で部署を横断して使われる大規模なコンピュータシステム、いわゆる「基幹システム」も、研究調査性が比較的低いソフトウェアです。人事システムや経理システムが備えているべき機能は、組織によって大きく変わるものではありません。したがって全体的な骨組み（フレームワーク）を共通化しておき、それぞれの組織ごとに異なる部分だけをカスタマイズして作ることができます。ソフトウェア全体としては巨大であっても、見かけほどには苦労せずに開発することができるわけです。

　またロールプレイングゲーム（RPG）などのゲームも、ソフトウェアの規模は大きいものの、その研究調査性はさほど高くありません。ストーリー展開やキャラクタデザインなど、製品ごとに創作しなければならない要素はありますが、ゲームの場面を進めていくための骨組みには、過去に開発したゲームのフレームワークをほとんどそのまま転用することができるからです。アニメーションに凝ったりすると、確かに研究の要素が現れてきますが、それが全体に占める割合は大きくありません。

　以上、研究調査性が低いソフトウェアの例を3つあげました。これらを見るとわかるように、研究調査性が低いソフトウェアには次のような共通点があります。

1. ニーズが普遍的で、多くの人が似たようなニーズを持っている
2. ソフトウェアを作るための部品が簡単・確実に手に入る
3. 共通のフレームワークをカスタマイズして作ることができる
4. 開発を進めるにあたって試行錯誤がほとんど発生しない

それでは次に研究調査性の高いソフトウェアの方も見ていきましょう。これにはたとえば次のようなものがあります。

a. これまで使った経験のない機器を動かすソフトウェア
b. アルゴリズム（計算処理の手法）が確立されていないソフトウェア
c. 第三者の開発した他システムと連携するソフトウェア

　そうした例として、最初に「粉末焼結型3Dプリンタ」の制御ソフトウェアをあげましょう。これはレーザビームで粉末の樹脂材料を焼き固め、それを何層も積み重ねていくことで3次元の造形物をつくる装置を制御するソフトウェアです。CADデータの一種である「STLデータ」を受け取って、その断面形状を計算したり、材料を平らに敷いたり、材料を適当な温度に予熱したり、レーザビームをスキャンさせたりといった、いろいろな動作を協調的に行います。こうしたソフトウェアを開発しようとすると、それぞれの動作ごとに研究や調査をしなければなりません。試してみないとわからないことが多いからです。どのようなアルゴリズムを使えば断面形状の計算が短時間でできるのか、材料を敷く機構を動かすサーボコントローラにどのような命令を送ればいいのか、断面形状に対してどのようにレーザをスキャンさせれば歪の少ない造形物が作れるのか。そうしたことは、実際にソフトウェアを試作し、動かしてみないとわかりません。一度でうまくいくとは限らず、「作ってはボツにする」試行錯誤を繰り返しながら開発を進めることになります。

　また、画像処理を利用した外観検査システムのソフトウェアも、一般に研究調査性が高いものです。同じ「外観検査システム用ソフトウェア」であっても、医薬錠剤の割れや欠けを検知するもの、弁当のおかずの盛り付け忘れを検知するもの、レトルトパックに混入した針金を検知するもの、陶製のタイルの変形や変色を検知するものでは、使用するべきアルゴリズムが全然違います。そのため、画像処理の教科書に書いてあることをそのままソフトウェアにするという手が使えません。実際に検査対象となる錠剤・弁当・レトルトパック・タイルなどを用意し、時にはわざわざ不良品を作って、ソフトウェアが正しく機能するかどうかを確

認しないといけないのです。対象物を撮影する方法や照明光を当てる方法も試行錯誤です。論文や文献を取り寄せて深く理解しないといけないこともあります。こうしたソフトウェアの開発では、パソコンの中だけで仕事を進めることができず、実験や調査も必要になり、とても手間がかかります。

　同じようなことは、いわゆる「生成型 AI (generative artificial intelligence)」を応用した自動応答システムや翻訳システムについてもいえます。自然な応答ができる生成型 AI は今後幅広い用途で活用されるようになるでしょうが、それぞれの場面で適切な応答がなされるかどうかは、実際に試作して動作を試してみないとわかりません。家電品のサポートサービスでうまく機能したからといって、それがそのまま駅での案内システムや、医療現場での診察システムとして使えるとは限らないのです。場合によっては、多数の模擬ユーザに参加してもらう社会実験を行ったりして、問題ないかどうかを検証しなければなりません。しかもそうした実験が一度で成功する保証はありません。

　ひと言に「ソフトウェア」といっても、その中には研究調査性が低いものと高いものが存在します。そしてソフトウェアの研究調査性が高いと、ソフトウェア開発という仕事はプログラム作りだけではすまなくなり、パソコンから離れて取り組むべきことが増えていきます。そして調査や研究というものが一筋縄でいかないことは、学生時代の課題などで苦労したことがある人ならよくわかるでしょう。研究調査性はソフトウェア開発の仕事をまったく違ったものに変質させます。ですからソフトウェア開発に着手する前に、作るべきソフトウェアの研究調査性がどの程度であるのかをしっかり評価し、発注者と開発者で共有しておくことが重要です。

3 ソフトウェア開発者とはどういう人たちなのか

私たちが頼りにするべきソフトウェア開発者とはいったいどのような人たちなのでしょうか？ 相手のことをよく理解し、しっかりした信頼関係を築きましょう。

　本章-2では、ソフトウェア開発という仕事の内容や、それに影響を及ぼす各種の要因について説明しました。ここでは、そうしたソフトウェア開発を本職とするソフトウェア開発者が、どのような人たちであるのかについて述べます。ソフトウェア開発者の内面 —思考パターンや価値観— を知っておくことは、発注者と開発者のコミュニケーションを円滑にし、プロジェクトを成功させる上で非常に重要だからです。この内容には多分に筆者の主観による部分も含まれ、すべてのソフトウェア開発者に一概に当てはまることでもないとは承知していますが、ぜひ参考にしてください。

■クラフトマンシップを持って仕事と向き合う

　皆さんは「ソフトウェア開発者」という言葉を聞いて、どのような印象を持たれるでしょうか？ 筆者がかつて見たSF映画には、ちょっと太めのお兄さん（天才ハッカー[*9]）が菓子をほおばり、「よしきた、任せとけ！」などと言いながらラップトップ（ノート）パソコンのキーボードを軽やかに叩いて敵のコンピュータシステムに侵入し、主人公（正義の味方で運動神経抜群）が敵地に潜入するのを助けたりするシーンがあったりしたのですが、そんなイメージでしょうか？

＊9：「ハッカー（hacker）」という言葉は日本ではサイバー犯罪者を表すかのように誤解されていますが、本来は「高度な専門知識を持ち、尊敬される人」という意味です。サイバー犯罪者の方は、正しくは「クラッカー（cracker）」と呼ばれますが、こちらの言葉はあまり普及していません。最近では「ホワイトハッカー（white hacker）」「ブラックハッカー（black hacker）」といった言葉で両者を区別しているのもよく見かけます。

あるものが世の中の人々にどのようにイメージされているのかを知るのに、そのキーワードでインターネットに公開されているイラストを検索してみる方法があります。そこで筆者は「ソフトウェア開発者」というキーワードで検索してみました。やってみると予想したとおり、パソコンの前に座ってキーボードをタイプする人物を描いたイラストがほとんどでした。もっともパソコンを使っているからといって、その人がソフトウェア開発者であるとは限りません。イラストを描いた人もその点はわかっていて、ソフトウェア開発者と、それ以外の目的でパソコンを使う人を区別しなければいけないと考えたのでしょう。パソコンの画面にソースコード（らしきもの）を表示させていたり、人物の頭の中にあるソフトウェアの設計図などをフキダシで飛ばしていたりするイラストが多く見られました。

　前述のとおり、ソフトウェア開発という仕事は、芸術家や作家、あるいは職人の仕事にとてもよく似ています。そうだとすると、ソフトウェア開発者のイメージも芸術家・作家・職人のそれと似てくるでしょう。そのように考えた筆者は、「芸術家」というキーワードでも検索してみました。画家のイラストがたくさん出てきました。次に「職人」というキーワードでも検索してみました。今度は大工や板前のイラストがたくさん見つかりました。さらに「作家」というキーワードでも試してみました。こちらは小説家のイラストがほとんどでしたが、一部絵本作家や漫画家のイラストもありました。

　これらのイラストを見比べていて、1つ気付いたことがありました。それは「ソフトウェア開発者」のイラストに描かれている人物の印象です。「芸術家」や「作家」や「職人」のイラストには、人物が頭をかきむしったり、ムスッとしたりしているものが少なからず含まれているのに、「ソフトウェア開発者」のイラストに登場する人物は誰もがサッパリしていて、あまり悩みを抱えていない印象なのです。実際のソフトウェア開発者は「生みの苦しみ」の中にいることが多く、頭をかきむしったり、ムスッとしたりしていることが多いのですが、このイメージと現実のギャップは何なのか……

　ソフトウェア開発者の1人である筆者としては、「ソフトウェア開発

者」のことをひと言で説明しようとすると、やはり「ソフトウェアを作る芸術家／作家／職人」と説明するのがもっとも的確であるように思います。前述のとおり、ソフトウェア開発という仕事は本質的に創作活動だからです。しかしイラストをインターネット検索してみた結果からも見えるように、世の中では芸術家・作家・職人のイメージとソフトウェア開発者のイメージはあまり結び付いていないようです。ソフトウェア開発の業界の外にいる人にとっては、ソフトウェア開発者の姿や、その内面を知る機会はなかなかありません。その結果として「ソフトウェア開発者とは、ソフトウェアを作る芸術家／作家／職人である」という理解が受け入れられておらず、残念な結果を引き起こす1つの原因になっているように思います。

　ソフトウェア開発者の思考パターンや価値観を理解するには、芸術家・作家・職人といった人たちの思考パターンや価値観を知るとよいでしょう。それは英語で「クラフトマンシップ（craftsmanship）」、日本語では「名人気質」「職人気質」などと呼ばれているものです。芸術家・作家・職人と同じく、ソフトウェア開発者もクラフトマンシップを持って仕事に向き合う人々です。そんなクラフトマンシップからくる、多くのソフトウェア開発者の思考パターンや価値観をいくつか具体的にあげてみましょう。

作ったものを愛している

　多くのソフトウェア開発者は、ソフトウェアのことを大切な作品だと思っており、子どものように大事にしています。ソフトウェア開発者にとって、作ったプログラムをないがしろに扱われることは耐え難いことです。ソフトウェア開発者の間では「美しいプログラム」とか「健康なプログラム」といった表現［15］もよく使われており、ソフトウェア開発者の目にはプログラムが「形あるもの、命あるもの」として映っていることが垣間見えます。

スキル向上の努力を惜しまない

　ベテランの域に達した多くのソフトウェア開発者は仕事に強いプライドと使命感を持ち、仕事を愛して楽しんでいます。そのため自分のスキ

ルを向上させるためには、惜しげもなく時間とお金を使います。それが苦にならないのです。開発者の集まる研究会には積極的に参加し、駆け出しの開発者から投げられた質問には積極的に回答し、ソフトウェアつくりのノウハウを他の開発者と共有して互いに助け合っています。

一見頑固に見えるが、実は合理的

多くのソフトウェア開発者に頑固な面があるのは事実です。自分の作風やスタイルに強いこだわりを持つソフトウェア開発者も少なくありません。ソースコードの書き方とか、ファイル名の付け方とか、他人から見るとどうでもいいようなことに強く固執する人もいます。しかしそうしたこだわりにも1つひとつ、探究を続けている者にしかわからない理由があります。そういったところも芸術家／作家／職人と似ています。

貢献意識が強く、教えるのが好き

映画などには孤高で高慢なコンピュータ技術者が描かれていることもありますが、筆者の周りにいるソフトウェア開発者の姿はむしろ反対で、とても社交的で話しやすい人々です。仕事だけでなく、社会活動に力を入れたり、スポーツや音楽の趣味に打ち込んだりしている人も多くいます。仕事には厳しいソフトウェア開発者でも、困っている人を助けたり、人に教えたりするのは大好きです。利益を出さないといけない仕事なのに、ついサービスしすぎて赤字になってしまうこともあります。

ソフトウェア開発者たちの思考パターンや価値観が見えてきましたか？ ソフトウェア開発者たちの心の中にあるクラフトマンシップを理解することは、ソフトウェア開発者と深い信頼関係を築く第一歩です。

■駆け出しとベテランの違い

芸術家・作家・職人の世界にはベテラン（熟練者）と駆け出し（初心者）がおり、その間には歴然とした能力の開きがあることはよく知られています。同様にソフトウェア開発者にもベテランと駆け出しがいます。そして両者の能力の開きが、芸術家・作家・職人よりもずっと大きいこと

は知っておかないといけません。ソフトウェア開発という仕事には、必要な道具を開発者自身が作ることができるという、多くの創作活動にはない性質があります。そのためスキルを身に付けた開発者は、より速く新しいスキルを身に付けることができるようになります。また、過去に書きためてきたソフトウェアは、新しいソフトウェアに流用・転用する材料になったり、新しいソフトウェアを書く際の手本やひな形になったり、ソフトウェアの動作を確かめる道具として役立ったりします。ソフトウェア開発という仕事は、続ければ続けるほど開発者の能力を急速に高めます。駆け出しのソフトウェア開発者がベテランに育っていく過程では、スキルの蓄積が加速度的に進むのです。

　ですから、ソフトウェア開発者は誰もが同じ、一定の能力を持っているとは考えないでください。等しく「プロのソフトウェア開発者」と呼ばれているのに、その生産性には人によって100倍以上の開きがあるという指摘［15］もあり、それには筆者もまったく同意します。ベテラン開発者は使いやすい道具を自ら作り出し、合理的な方法を自ら編み出し、過去に作ったソフトウェアを最大限に活用し、ポイントを押さえて要領よくサボる（手を抜く）ことで、駆け出し開発者から見るとスーパーマンのような高い能力を発揮して仕事をこなしています。

　それぞれのソフトウェア開発者に、得意分野と苦手分野があることにも注意が必要です。ソフトウェアには非常に多くの種類があり、1人の開発者がすべての種類のソフトウェア作りを究めることは不可能です。「どんなソフトウェアでも自分に任せてくれ」という開発者はいません。そして先に書いた開発者ごとの能力は、その分野を得意とするかどうかによっても大きく変わってきます。多くの人から尊敬される神様のようなベテラン開発者であっても、たまたまスキルを積み上げる機会が得られなかった分野では、プログラミング経験が1年そこそこの駆け出し開発者に完敗することもあります。

■大会社でも結局は個人に依存

　このようにソフトウェア開発という仕事は非常に属人的、つまり個人の資質に頼る部分が多いものです。ソフトウェア開発を業務としている

会社はたくさん存在しますが、その大きな看板とは裏腹に、開発力のほとんどをごく少数の開発者に頼っていることは少なくありません。証券取引所に上場しているような巨大なシステム開発会社でさえ、たった1人の開発者が退社したために、その事業が存続できなくなることもあります。また、大きな会社が開発した大規模なシステムが不具合を起こし、世の中を騒がせることもあります。まさか社内会議で「ここにバグを入れておこう」などと打ち合わせたわけではないでしょうから、それはソフトウェア開発というものが、まったく開発者個人の資質に依存していることが顕著に現れた証拠だといえるでしょう。

　ソフトウェアを発注するときには、その仕事を会社や組織ではなく、人に委ねているのだということを忘れないでください。また、ソフトウェア発注をするときには、開発会社ではなく開発者個人の得意分野や技術力をしっかり見極めるようにしてください。ソフトウェア開発プロジェクトが成功するかどうかは、開発内容に対してピッタリの開発者と出会うことができるかどうかにかかっています。「ソフトウェア開発者なら誰でも同じだろう」などと考えていると、プロジェクトは悲惨な結果を迎えることになります。

　ここまでは、筆者の周りにいる数十人のソフトウェア開発者をモデルに、ソフトウェア開発者という人たちの姿を書きました。ここで筆者の記した内容が中立的・客観的であるとはいえないことをお断りしないといけません。なぜなら、筆者の知っている開発者というのは、社内だけでなく社外でも積極的に活動し、多くの開発者とつながる接点を作っているような人たちだからです。ごく少人数でソフトウェア開発のすべてをこなす人もいれば、開発チームのリーダとして活躍している人もいます。その意味でここで描いたソフトウェア開発者の姿は、かなり能力の高い「ベテラン寄り」のソフトウェア開発者に偏っているものとお考えください。しかし筆者はそれでよいと考えています。本書の読者がソフトウェア開発を依頼し、付き合うべき相手は平均的な開発者ではなく、むしろベテラン開発者の方だからです。ベテラン開発者のイメージを正しくとらえることが大事です。

　最後に、ソフトウェア開発にかかる費用について軽く触れておきます。

もうお察しのとおり、ソフトウェア開発費というのは、実質的に芸術家／作家／職人としての開発者に対する人件費、くだけた言い方をすると「ギャラ」です。売れっ子の芸術家・作家・職人のギャラが平均よりも高いのと同じように、売れっ子のソフトウェア開発者のギャラは平均よりも単価が高くなります。しかしベテラン開発者の生産性は、駆け出し開発者の能力よりも100倍以上も高いので、売れっ子のソフトウェア開発者に依頼する方が結局は安い買い物になります。

　ベテランのソフトウェア開発者はきわめて「美しく健康的な」プログラムを書きます。プログラムが「美しい」、あるいは「健康的」というのはピンとこないかもしれませんが、一般的な言葉に置き換えると「整理整頓がしっかりなされている」「統一感がある」「何をしているプログラムであるのかがすぐにわかる」「読む人に誤解を与えない」「完成部分と未完成部分がすぐにわかる」……そのような性質を持つプログラムを、ソフトウェア開発者たちはひと言で「美しく健康的なプログラム」と表現します。そのようなプログラムは、修正したり改造したりするのが非常に（そうではないプログラムの何千倍、何万倍も）簡単です。そこで、「プログラムに新機能を追加してほしい」「新機種にプログラムを対応させてほしい」といった要望が出たとき、驚くほどの手際のよさで対応することができます。ベテラン開発者の作る価値の高いプログラムは、高いギャラを補って余りあるメリットを発注者にもたらしてくれます。

COLUMN 1　超一流のプロに仕事を依頼する

　第5章では、ソフトウェア発注プロジェクトを失敗に陥れる「失敗誘発行為」について述べています。それらの失敗誘発行為はソフトウェア発注を失敗させないために意識するべきものですが、いかんせんその数がたくさんあるので、漏れなく覚えようとするとなかなか大変です。実際本書を執筆している筆者も、これらの行為を暗誦することができるわけではなく、記憶からこぼれ落ちていたものを、ときどき思い出しては書き加えたりしています。そこでここでは、これらの失敗誘発行為をいちいち覚えなくてすむ方法を1つお知らせしましょう。

　その方法とは「超一流のプロに仕事を依頼するとき、自分ならどうするかを考えてみる」ことです。読者の近くに「超一流のプロ」の方はいらっしゃいますか？　身の周りにいなければ、歴史上の人物や、映画・小説・漫画などに登場する人物でもかまいません。誰でもいいので「この仕事なら、この人に任せれば安心」という人を想像してください。そしてその人に仕事を頼むことを想像してみてください。そうすれば、どのような行為が失敗誘発行為に該当するのかがすぐわかります。筆者は講演などでよく、偉大な作曲家のベートーベンを引き合いに出します。「ベートーベンに作曲を依頼するとき、こんな行為をやってもいいものだろうか？」、そんなふうに考えてみてください。たとえば失敗誘発行為の1つに「発注者だけで仕様書を書く」というものがあります。ベートーベンに作曲を頼む際、曲の作り方をあれこれ注文するでしょうか？　「最初は4拍子で始めて、ここからは3拍子に変えて……」などと指示しますか？　そう考えてみると、これはやってはいけない行為なのだとすぐにわかります。

　第2章-3で述べたように、ベテランのソフトウェア開発者というのは、芸術家／作家／職人に近い思考パターンや価値観（クラフトマンシップ）で仕事をしています。無から何かを生み出そうとすると、必然的にそうなるのです。ベートーベンが「人生を音楽に捧げる」と言ったように、ベテランと呼ばれるようなソフトウェア開発者は自分の技術を磨くための努力を怠りません。人生をソフトウェア開発に捧げているとしか思えないような開発者もたくさんいます。筆者自身はまだベテランの域には達していないように自覚

L. v. Beethoven
(1770 ～ 1827)

していますが、それでも年間に 3,000 時間くらいはプログラムを作ったり、プログラミング技術を高めるための勉強をしたりしています。ましてやベテランのソフトウェア開発者は、筆者などよりもずっと多くの努力をしているはずです。休むより学ぶ方が楽しい。少しでも良いものを作りたい。そういうギーク（geek）な人に仕事を依頼するのが、ソフトウェア発注というものなのだと心得ましょう。

　プログラミングを学ぼうという機運の高まりを受け、社内にソフトウェア開発チームを設立しようと考える会社が増えています。そのこと自体は悪いことではありませんが、その目的が「社外のソフトウェア開発者に頼らなくてもいいようにする」ことにあるのなら、それは考え直した方がいいでしょう。本来の業務を別に抱えている社員がプログラミングを覚えても、プロのソフトウェア開発者には絶対に勝てないからです。すでにベテランの域に達している開発者を新たに集め、ソフトウェア開発を専業とする新しいチームを作るのなら別ですが、そのやり方ですと今度は、ある日突然チームのメンバ全員が辞表を出し、新しいソフトウェア開発会社に独立する可能性を懸念しないといけません。自分の活躍の場を広げる機会をうかがうのが芸術家／作家／職人の常であるように、特定の会社のためだけに仕事をしたいと考えるソフトウェア開発者はほとんどいないからです。そのようなリスクを避けるために高待遇でチームを維持しなければならないのなら、すでに付き合いのあるソフトウェア開発会社との信頼関係を深めていくのと、どちらにメリットがあるのか考えてみるべきです。

第3章
進化を続ける
ソフトウェア開発のあり方

　第2章では、ソフトウェア発注の失敗を避ける方法を考えるための予備知識として、ソフトウェアとはどのようなものなのか、ソフトウェア開発とはどのような仕事なのか、ソフトウェア開発者とはどのような人なのかについて述べました。その内容をベースとして、本章では加えて知っておきたい2つの知識をお伝えします。ここでの知識はやや専門的で、初めてソフトウェア発注を学ぶ読者にとっては多少わかりにくい内容かもしれませんが、第5章以降で述べる「ソフトウェア発注を失敗させない方法」を理解するには、これらも非常に重要です。ぜひ本章でしっかり予習しておきましょう。

1 オブジェクト指向がもたらしたプログラミング革命

「オブジェクト指向」のことを知らずに近代的なソフトウェア開発はできません。あまり聞き慣れない言葉ですが、この機会に基本的なことを知っておきましょう。

「オブジェクト指向」という言葉を初めて聞く読者も多いかと思いますが、この言葉の意味については後ほど解説しますので、ひとまず気にせず読み進めてください。ここでは、コンピュータの歴史をおさらいするところから始めていきます。これによって「オブジェクト指向」という概念の位置づけと重要性をお伝えしたいからです。

コンピュータは発明されてからまだ80年ほどしか経っていない、人類がこれまで手にしてきた中でもっとも新しい技術の1つです。この短いコンピュータの歴史を年表にしたものに、筆者がもっとも重要と考える、いくつかのできごとを書き込んでみました（図表3-1）。

世界で最初に発表されたコンピュータは、米国ペンシルバニア大学で開発され、終戦直後の1946年に発表されたENIAC（エニアック）とされています。これは真空管（vacuum tube）[1]を使って構成されたコンピュータで、重量が30トンもある巨大なものでした。しかし1950年にトランジスタ(transistor)[2]、1958年に集積回路(integrated circuit：IC)[3]が発明されると、その恩恵を受ける形でコンピュータはどんどん小型化していきます。1971年にはコンピュータの中心部をIC化した「マイクロプロセッサ(microprocessor)」が登場し、コンピュータの卓上化が果たされます。ただし当時のコンピュータは今の電卓（電子式卓上計算機）に近い使い方をするものであり、ユーザが自由にプログラムをつくって実行できるものではありませんでした。

1974年には米国Micro Instrumentation and Telemetry Systems社が「Altair 8800」を発売します。個人向けのパーソナルコンピュータ、いわゆる「パソコン」の登場です。そして1981年に米国IBM社が「IBM-PC」を発売します。IBM-PCは拡張ボードを取り付けるため

● 図表 3-1　コンピュータ技術の略年表

時　期	できごと
1946 年	コンピュータが発明された
1980 年頃	パソコンの普及が始まった
1990 年頃	インターネットが普及した
1995 年頃	オブジェクト指向プログラミングの普及が始まった
2000 年頃	モバイルコンピューティングの普及が始まった

の回路「PCI バス」を設置し、しかもその仕様を広く公開する「オープン戦略」を採りました。これによって拡張ボードを製造するメーカがたくさん現れ、システムとしてのパソコンが劇的に低価格化していきました。パソコン同士が通信するための拡張ボードも低価格で手に入るようになり、電話による音声伝送を利用した「パソコン通信」が現れました。こうして、離れた場所に置かれたパソコン同士が、自由にデータをやり取りすることができるようになりました。

　1989 年、スイスの CERN（European Organization for Nuclear Research：欧州核物理学研究機構）によって「WWW（world wide web）」が開発されました。当時すでに国際的な電信網としてのインターネット（the Internet）は存在していましたが、ユーザが好きなときにほしいデータを取りに行く仕組みは WWW よりも前にはありませんでした。WWW はウェブサイト（い

＊1、2、3：電子回路の中で、電気信号を強める役目を果たすもののことを「増幅器（amplifier）」と呼びます。増幅器がないと電気信号は弱まるばかりですから、複雑な電子回路を作るのに増幅器は絶対に欠かせません。自然界には増幅器として機能するものがほとんど存在していないので、研究者は人工的に増幅器を作る方法を模索し続けていました。そうした努力によって最初に生まれたのが真空管で、これは真空中を飛ぶ電子の流れが周囲の電圧によって変わることを利用していました。真空管はその原理から小型化が難しく、また動作させるのに高い電圧や大きな電力が必要でした。その後、珪素（シリコン）やゲルマニウムといった元素にわずかな別物質を添加すると、電気の流れ方が大きく変わる現象が発見されました。半導体（semiconductor）の登場です。この現象を利用し、トランジスタという増幅器が発明されました。トランジスタは真空管に比べてずっと小さく、一時「トランジスタ」という言葉は小型電気製品の代名詞だったほどです。そして半導体で作った板（ウエハ：wafer）の表面に別の物質をしみ込ませたり、別の物質で印刷したりする「半導体プロセス技術」が発明されると、多数のトランジスタを含む電子回路を一度で作ることができるようになりました。これが集積回路（IC）です。集積回路は今日、私たちの身の周りにある電子機器のほとんどすべてに使われています。

わゆる「ホームページ」)の公開を可能にし、今のインターネット社会の基礎をつくりました。

　1990年代の前半には、冒頭に記した「オブジェクト指向」の考え方に基づいてプログラムを作ることができるプログラミング言語がいくつも現れます。そしてソフトウェア開発者の間で「オブジェクト指向プログラミング(object-oriented programming：OOP)」という言葉が広がっていきました。

　そして2001年、日本で第3世代(3G：CDMA)規格の無線通信網がサービスを始めます。それまでの第2世代（2G）規格に対して10倍以上の高速化ができるようになったことで、音声通話の品質が高まっただけでなく、移動しながらインターネット上にあるあらゆるデータを受け取ることがストレスなくできるようになりました。スマートフォンやタブレットなどの情報端末を持ち運び、どこでもインターネット上の情報を利用することができる生活スタイル「モバイルコンピューティング」の基盤ができました。それから20年、無線通信網は第4世代、第5世代と進化を遂げて現在に至ります。

　ここまで、「コンピュータ技術の略歴」をざっと眺めてきました。「コンピュータの発明」「パソコンの普及」「インターネットの普及」「モバイルコンピューティングの普及」が非常に重要なできごとであり、この年表に書き込むべきであるとは疑う余地がないでしょう。しかし「オブジェクト指向プログラミング」だけは何だかピンとこない、なぜこの年表に書き込まれているのかわからないという読者もいるのではないでしょうか？　確かに「オブジェクト指向」という言葉は、ソフトウェア開発に携わっていない人にとっては、まだあまりなじみのない言葉です。しかし筆者はあえて「オブジェクト指向プログラミングの普及」をこの略年表に書き込みました。それは「オブジェクト指向プログラミングの普及」が、コンピュータの歴史において本当に重要なできごとの1つだからです。

　オブジェクト指向プログラミングとは何かを簡単に説明すると、「プログラムを部品化するガイドラインが定められているプログラミングの

方法」であると言えます。ソフトウェア開発者はプログラム1本あたり、5,000〜200,000行ものソースコードを書きます（第2章-2）。そうしたソースコードは、バターのようにどこを切っても同じというものではありません。私たちの体がいろいろな器官で構成され、それぞれの器官がいろいろな組織で構成されているように、ソースコードの内部にも複雑な構造が存在します。そしてその構造を細かく切り分けていくと、ソースコード全体が多数の部品の集まりによって構成されていることがわかります。

　オブジェクト指向プログラミングでは、そうしたプログラム部品の作り方について、次のようなガイドラインを設けます。

a. 他の部品とつながる部分（インタフェース：interface）をしっかり規定し、定式化しておく
b. インタフェースを変えなければ、部品の内部（実装：implementation）をどのように変えてもかまわない

　このガイドラインを厳密に守ることで、プログラム部品の汎用性が劇的に高まるという効果が生まれます。このことを理解するには、鉄道車両の連結器を想像するとよいでしょう。長い貨物列車には、運ぶものの種類に合わせたさまざまな貨車が連結されています。宅配便などを運ぶコンテナ車、石油などを運ぶタンク車、砂利などを運ぶホッパ車などの貨車が長く連なった先頭には、電気機関車やディーゼル機関車が連結され、列車全体を牽引します。急な坂を登るときなどは、機関車を2両に増やすこともあります。また車掌が乗務する必要がある場合、列車の最後尾に車掌車を連結します。このように、貨物列車の車両の組み合わせ（編成）は、場合によって自由自在に変えることができます。電気機関車やディーゼル機関車は、荷物を運ぶ貨車の代わりに、人を乗せる客車を引くこともできます。客車の中にはベッドを備えた寝台車もあれば、食堂を備えた食堂車もあります。

　なぜこのように自由自在の組合わせができるのか、それはすべての機関車・貨車・車掌車・客車に同じ連結器[*4]が取り付けられているから

●図表 3-2　鉄道列車のさまざまな編成

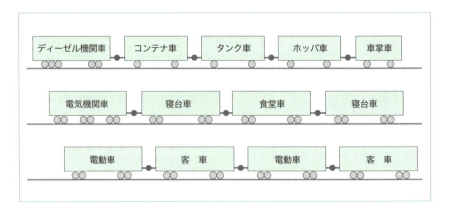

●図表 3-3　鉄道車両の連結器

です。同じ連結器同士は必ずつながると保証されているので、もし今後特殊な貨物を運ぶ貨車や、豪華なお座敷の客車を造ることになったとしても、その車両に同じ連結器を取り付けておけば、問題なく列車の編成に組み込んで走らせることができます。この連結器に相当するのが、オブジェクト指向プログラミングでの「インタフェース」です。また電気機関車とディーゼル機関車の違い、運ぶものの種類に合わせたさまざまな貨車の違い、寝台車と食堂車の違い……といったものが、オブジェクト指向プログラミングでの「実装」の違いになります。連結器さえ共通化されていれば、それ以外の部分はどのように変えてもかまいません。

以上のような列車のたとえからもわかるように、オブジェクト指向プログラミングのガイドラインを守っていると、プログラムを開発する上でのメリットがいろいろ得られます。たとえば次のようなメリットです。

部品の使い回しがしやすくなる
　一度作った部品を、プログラムの別の場所や、他のプログラムで何度も使い回すことができます。

ソースコードが読みやすくなる
　インタフェースを見るだけで、その部品がどのような働きをするものなのかが、ほぼわかります。

プログラム作りが分業しやすくなる
　それぞれの部品を別々の開発者が作っても、正しく組み合わせることができると保証されます。

プログラムの変更がしやすくなる
　プログラムの一部を変更しても、インタフェースを変更しなければ他の部品に影響が及びません。

プログラムを作る順番が変えやすくなる
　それぞれの部品をどのような順番で作っても、正しく組み合わせることができると保証されます。

テストやデバッグがしやすくなる
　動作を試したり、不具合の原因を調べたりすることが部品ごとにできるようになり、能率的です。

＊4：実は日本国内の鉄道では現在、形式の異なる数種類の連結器が使われており、種類が違う連結器は連結することができません。しかしここでは話を簡単にするため、すべての鉄道車両に同じ形式の連結器が使われているものとしましょう。

いずれのメリットも、ソフトウェア開発の生産性を高めるのに大きく寄与するものです。筆者の感覚では、オブジェクト指向プログラミングが出現したことにより、ソフトウェア開発の生産性は10倍以上に高まったように感じられます。オブジェクト指向ではないプログラミング言語で2,000行のプログラムを書こうとするとかなり骨が折れますが、オブジェクト指向のプログラミング言語が使えるのなら20,000行のプログラムを書くことにもさほど抵抗感がありません。

　このオブジェクト指向プログラミングは、ソフトウェア開発という仕事を革命的に変えました。実際多くのプログラミング言語が、オブジェクト指向プログラミングの普及によって「絶滅」に追い込まれたという事実もあります。オブジェクト指向プログラミングの普及前と普及後で、ソフトウェア開発という仕事はまったく異なるものに変質したと言っても過言ではありません。筆者が「オブジェクト指向プログラミングの普及」を、コンピュータ技術の歴史の中で特記すべき出来事と位置づけているのは、そのような理由によります。そしてあまりにも革命的なオブジェクト指向プログラミングの出現により、それ以前のソフトウェア開発で「常識」とされていたことの数々が「非常識」に変わってしまいました。このことは、ソフトウェア発注での失敗を避けるために知っておかないといけません。

　実は、オブジェクト指向プログラミングが生まれたのは、その本格的な普及が始まる1995年頃のずっと前、1970年頃のことです。オブジェクト指向プログラミングの考え方があまりに革新的だったためか、すぐにはスタイルを変えにくいソフトウェア開発という仕事の性質によるものか、業界や社会に浸透するのに25年もの年月を要してしまいました。そして残念ながら、オブジェクト指向プログラミングという概念は、2024年現在においてもソフトウェア発注者の間に十分浸透しているとは言えません。とくにソフトウェア開発に関わる機会の少ない、ものづくり現場にいるソフトウェア発注者の中には、この言葉をまったく知らない人も少なくありません。筆者は最近登壇した講演で聴講者に「オブジェクト指向プログラミングを知っているか」と尋ねてみたのですが、「知っている」と答えた人は20％ほどでした。しかしオブジェクト指向

プログラミングを知らないというのは、今にちソフトウェアがどのように作られているのか知らないということであり、それではソフトウェア開発者といろいろな認識や前提が食い違ってしまうことが避けられません。こうした事情が、ものづくり現場からのソフトウェア発注の失敗率が高止まりしている原因の1つになっていることは間違いありません。

　オブジェクト指向プログラミングについては詳しい解説書［16］［他］がいろいろ出版されていますが、すべてを理解するのは大変です。ソフトウェア発注を失敗させない目的では、ひとまずここに記した内容をしっかり押さえてください。

2 今も続くソフトウェア開発方式の模索

ソフトウェア開発の進め方は1つだけではありません。作りたいソフトウェアごとに最適な進め方は異なります。どのような進め方があるのか見てみましょう。

■ソフトウェア開発者の悩み

　善良なソフトウェア開発者は、発注者からソフトウェア開発の依頼を受けるたび、1つの悩みに直面することになります。その悩みとは「見積もり金額をどのように算出するか」です。たとえば、図表3-4に示すような場合を考えてみましょう。あるソフトウェア開発者が、顧客であるX社からソフトウェア開発の依頼を受けました。100万円で提示した見積もりが承認されたので、そのソフトウェアを完成させてX社に納品し、満足してもらいました。そのわずか2〜3日後、別の顧客であるY社からもソフトウェア開発の依頼を受けました。ところがその依頼内容は、X社から依頼されたのとほぼ同じだったのです。Y社からは見積もりを求められていますが、いったいいくらの見積もりを提示すればいいでしょうか？　ソフトウェア開発者の身になって考えてみましょう。

　これは実に悩ましい問題です。顧客（発注者）に提示する金額を計算するにあたっては、合理的と思われる考え方が2つあります。1つは「同一品を同額にする」方法です。この考え方に従うと「X社とY社の開発内容はほぼ同じなのだから、金額も同じにするべき」となり、Y社にはX社と同じ100万円の見積もりを提示することになります。

　しかし、Y社からの発注に対して実際に開発者が行うのは、X社向けに作ったソフトウェアを丸ごとコピーし、わずかに手を加えるだけのことです。1時間もあれば終わるでしょう。そんな小さな仕事に100万円を請求するのは「ぼったくり」ではないでしょうか？　良心がしくしくと痛みます。

　これに対するもう1つの考え方は「原価を積み上げる」方法です。

●図表 3-4　Y 社にいくらの見積もりを提示するべきか？

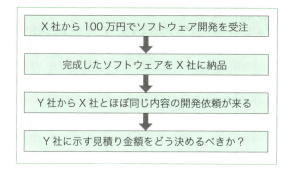

●図表 3-5　どちらの考え方に従ってもしっくりこない

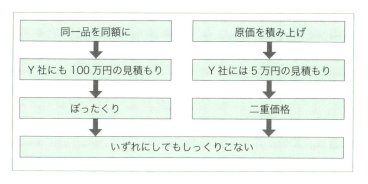

この考え方に従うと「X 社のためにかかった労力に対し、Y 社のためにかかる労力はずっと少ないのだから、金額も安くするべき」ということになります。事務経費などを含めて 5 万円もいただけば十分な利益が出るでしょう。この金額なら良心がとがめることもなく、堂々と提示できそうです。しかし、Y 社に 5 万円の見積もりを出したことを X 社が知ったらどう思うでしょう？　同じものを相手によってまったく異なる価格で売る「二重価格」と受け取られ、X 社に恨まれたりしないでしょうか？　何とも不安が募ります。

　図表 3-5 に示すように、見積もり金額の算出方法として合理的と思われる 2 つの方法、「同一品を同額にする」方法と「原価を積み上げる」方法のどちらを採ってもしっくりこない。これが善良なソフトウェア開発者がいつも直面する悩みです。

この問題の本質的な原因は、ソフトウェア開発者が「X社に納品した直後にY社からも同じ内容の依頼が来る」という予想ができなかったことにあります。仮に開発者が未来を予知する能力を持っていたとしたら、X社に見積もりを提出する時点で金額を55万円に決めることもできたでしょう。Y社にもX社と同じ55万円の見積もりを提出すれば、「ぼったくり」も「二重価格」も避けることができ、気持ちのよい人生を送り続けることができたはずです。しかし実際の開発者は超能力者ではなく、開発したソフトウェアがいくつ売れるのか、予想することができません。その結果として、開発者は上記のような悩みを抱えることになります。

　もちろん現実的に予知能力を持つ人はいません。そこで「商品がどれだけ売れるかわからないから、少し高めの値段を設定しておく」というのは、商売を営む人なら誰でもやっている行為であり、別段良心を病めるべきことでもありません。ただ問題はその「程度」です。ソフトウェアには製造（複製）にほとんど費用がかからないという性質があるため、通常なら「少し高めの値段」にすればいいものが「何百倍もの値段」になってしまう点に悩みの根源があります。

　見積もり担当者にとって予想ができないのは、開発したソフトウェアの販売数だけではありません。新しいソフトウェアを作り上げるのにどれだけの原価がかかるのか、これもなかなか正確には予想しにくいものです。しかもものづくり現場で使われるソフトウェアでは、研究調査性（→第2章-2）による問題が起きやすく、原価の予想はいっそう不正確になりがちです。過去に似たようなソフトウェアを開発した経験でもあれば、そのとき実際にかかった原価を調べて参考にすることもできるでしょう。しかしそのような経験を持っているのであれば、そもそも新しいソフトウェアを一から開発する必要自体がありません。過去に開発したソフトウェアを単に複製して使い回せばよいのです。そして原価がどのくらいかかるのか正確に予想することができない場合、見積もり担当者は提示する金額に相応の保険を含ませるしかありません。その結果、やはり本来（見積もり担当者が予知能力を持っていたと仮定した場合）よりもずいぶん高い見積もりを提示せざるを得なくなってしまうのです。

■ソフトウェア開発の近代的な進め方

　このような問題に対処するため、ソフトウェア開発の進め方を見直そうという取り組みがなされてきました。ここでは、そうした取組みから生まれた新しいソフトウェア開発方式をいくつか紹介します。

　それに先立ち、まずは従来から採られていたソフトウェア開発方式である「ウォーターフォール方式」について、それがどのような進め方であるのか、どのような問題を抱えているのかを見ておきましょう。ウォーターフォール方式によるソフトウェア開発の一般的な進め方は図表3-6のようになります。

　ウォーターフォール方式では、最初に発注者と開発者が協議して「どのようなソフトウェアを作るのか」を決めます。これは「仕様（specification）」とか「要件定義（requirements difinition）」と呼ばれます。仕様が固まったら発注者は、そのソフトウェアの開発を委託する契約（→第3章–2）を開発者と結び、発注を行います。これを受けて開発者はソフトウェアを作り、完成したら発注者に納めるという流れです。

●図表3-6　ウォーターフォール方式によるソフトウェア開発の進め方

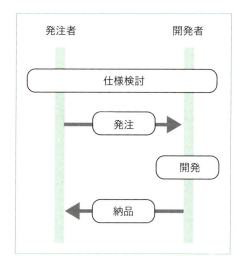

ウォーターフォール方式はもっとも基本的で、オーソドックスなソフトウェア開発の進め方です。今日でもソフトウェア発注の大半はウォーターフォール方式で行われており、また書店に並んでいるソフトウェア発注の指南書［8］［9］［10］［11］［12］［他］でも、ウォーターフォール方式を想定した記事が多くのページを占めています。

「ウォーターフォール（waterfall）」とは滝のことです。ウォーターフォール方式の開発では、1回の発注でソフトウェア開発を完結させるため、最上流から最下流までステップを追いながら仕様をブレークダウン（詳細化）していきます。この過程を、水が上から下へと流れ落ちる様子にたとえて「ウォーターフォール方式」と呼んでいます。ものづくりで使われる言葉を使うなら「ソフトウェアの仕様を流れ作業で詳細化していく」方式であるとも言えるでしょう。別の言い方をすると、「すべてを仕様に基づいて決めていく」開発方式であるともいえます。

●図表3-7　ソフトウェア仕様のブレークダウン

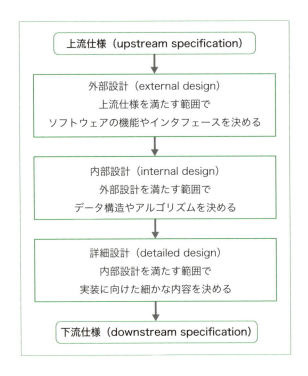

このようなウォーターフォール方式には、次のようなメリットとデメリットがあります。

メリット
① 稟議や発注契約が1回だけですむ
② トップダウン型の大型開発や、複数のチームでの開発に適している

デメリット
① 予想していなかった事態が起きると上流の工程からやり直しになる
② 発注前に開発者にかかる仕様検討の負担が大きくなりやすい

　流れ作業で製品を作ろうとすると、その製品の作り方をしっかり決めておかなければなりませんが、ウォーターフォール方式でも同じようなことが言えます。最終的なソフトウェアのイメージが明確に見えている場合、この方式にも有利な点がたくさんあります。しかし、たとえば次のような不確実要因があると前提が崩れてきます。

他者の作った部品を使いこなすことができない可能性がある
　統計処理用のライブラリや周辺機器のドライバなどのソフトウェア部品は、メーカや作者ごとに作りがまちまちです。使用可能なプログラミング言語を選ぶものも少なくありません。また使いこなすのに高度で専門的な予備知識を必要とするものもあります。ソフトウェア部品を入手したからといって、それを使いこなすことができるとは限りません。

想定しているアルゴリズムで目的が果たせない可能性がある
　画像認識や図形処理などの分野では、目的の計算処理を実現するために新しいアルゴリズムを考え出さないといけない場面が多くあります。使えそうなアルゴリズムを思いついたとしても、本当にそれが考えたとおりに機能するか、実用的な速さで動作するかといったことは、実際に作って実験をしてみないとなかなかわかりません。

開発したソフトウェアをユーザが使ってくれない可能性がある

便利そうなソフトウェアなのに、実際に作ってみたら、想定していたユーザが使ってくれなかったという状況がよくあります。新しいソフトウェアが使ってもらえない理由はたくさんあります。画面デザインが気に入らない、操作が煩わしい、仕事のやり方を変えたくない、そもそもパソコンを使いたくない……そういったことはソフトウェアを形にし、ユーザに触れてもらうまでわかりません。

仕様に間違いや漏れが含まれている可能性がある

仕様検討が人間の行う作業である以上、どうしても仕様に間違いや漏れが入り込む余地があります。間違いの方は気づきやすいのですが、漏れの方はなかなか気づきません。後から発注者に「もっと良い方法を思いついた」とか「こういう使われ方も想定しておきたい」と告げられ、ブレークダウンしている仕様を作り直す場面は非常によくあります。

仕様のブレークダウンとは、迷路の中を進んでいくような作業です。分岐点で選んだ1本の道が、その先ですべて行き止まりになっていることもあります。そのようなときにはその分岐点まで戻り、進むべき道を選び直さないといけません。ウォーターフォール方式では、仕様をブレークダウンしていく過程で予想していなかった事態が起きると、その上流側の仕様検討からやり直さなければいけなくなることがよくあります。流れ作業にたとえるなら、ある製品がほぼ完成した段階で、使っている部品が間違っていることに気づくようなものです。製品が一から作り直しになるのと同様、ソフトウェアの仕様も最上流から作り直しになってしまいます。

そういった事態を避けようとすると、発注前に行う仕様検討をきわめて慎重に行わなければなりません。上記の不確実要因のうち、少なくとも「仕様に間違いや漏れが含まれている」リスクは努力で減らすことができます。そのため、ウォーターフォール方式では一般に、発注前に開発者にかかる仕様検討の負担が大きくなりやすいのです。

しかし、どれだけ慎重な検討を行ったとしても、仕様から不確実要因

をまったく排除することはできません。とくに研究調査性の高いソフトウェアでは、どうしても不確実要因が残ってしまいます。そしてそれによる手戻りが発生する恐れがあるとなれば、開発者はその分の「保険」をかけておかなければなりません。その結果として見積もり金額が高くなったり、納期が長めに設定されたりします。ウォーターフォール方式は「ラスベガスで賭けをするようなもの」[7]などと揶揄されることもあるように、研究調査性の高いソフトウェアの開発には向いていないのです。

ウォーターフォール方式が抱えるそのようなデメリットを解決する方法として「多フェーズ（multi-phase）方式」と呼ばれる進め方が考案されました。これはソフトウェア全体の開発を発注する前に、不確実要因を排除するための小さな発注を行う進め方です。多フェーズ方式によるソフトウェア開発の進め方の一例を図表3-8に示します。

多フェーズ方式ではソフトウェア開発を複数回のフェーズに分けて行

●図表3-8　多フェーズ方式によるソフトウェア開発の進め方

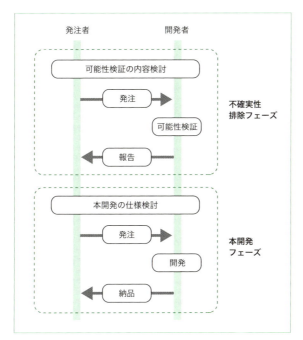

います。メインとなる「本開発フェーズ」の前に、ウォーターフォール方式で問題となるような各種の不確実要因を排除する「不確実性排除フェーズ」を置きます。本開発に着手する前に、不確実要因をできるだけ減らしておくわけです。

　例として、特殊なカメラを使用する撮影システムを開発することを考えてみましょう。カメラのメーカが、そのカメラを自作のプログラムから使うためのソフトウェア（SDK：software development kit）を用意してくれてはいますが、いかんせん特別なカメラなので、開発者はそのSDKを使った経験を持っていません。こういう周辺機器のSDKには、変わった作りのものも少なくなく、うまく使いこなすことができるかどうかは実際に試してみないと見当がつきません。しかし発注を受ける前に高価なカメラを買って試すことは不可能です。典型的な不確実要因です。

　このようなソフトウェアを500万円の予算で開発してもらう場合、それを一度に発注するのでなく、次のような進め方をします。まず50万円だけを使って「可能性検証（feasibility study）」を先行的に発注し、そのカメラのSDKを使いこなすことができるかどうかを開発者に調査してもらいます。ここでの発注は「開発委託」ではなく「調査」として行います。つまり発注契約を「ソフトウェアを作ってもらう」内容ではなく、「使えるかどうか調べてもらう」内容とします。開発者から「このカメラは使えない」という報告書が返ってくることも覚悟しましょう。

　そうは言っても、おそらく「このカメラは問題なく使えます」という報告書が返ってくるでしょう。そうして不確実要因がなくなったら、残っている450万円で本開発を発注します。もちろん「このカメラは使えません」という報告書が返ってきた場合には、そのソフトウェア開発は中止とし、本開発は発注しません。

　このような進め方をすると、不運にも可能性検証が失敗に終わったとしても、失う資金は50万円だけに抑えられます。500万円のソフトウェア全体に過度な保険をかけておく必要がなくなるので、平均すると見積もり金額が安くなります。ウォーターフォール方式なら1,000万円以上かかるような開発が500万円でできるようになるのです。図表3-8の不確実性排除フェーズでは可能性検証を1回行っているだけですが、

不確実要因がいくつかある場合には可能性検証を 2 回以上行うこともあります。また技術的な可能性検証だけでなく、ユーザレビューなどの取り組みを行うこともあります。すべての懸念を不確実性排除フェーズでしっかり払拭してから本開発フェーズに進みます。

多フェーズ方式で行う分割発注の考え方をさらに発展させた進め方が「アジャイル（agile）方式」です［7］。この進め方では、ソフトウェアの機能や部分ごとに開発と評価を細かく繰り返し、最後にそれらを統合してソフトウェアを完成させます。「アジャイル」とは英語で「機敏な」という意味で、ウォーターフォール方式に対する次のようなメリットを表しています。

① 発注前の仕様検討にかかる負担が減り、着手も早まる
② 複数の開発や仕様検討を並行して進めることができる
③ 予想していなかった事態に対して手戻りが発生しにくい
④ 開発した部分の評価結果を仕様に反映させることができる

アジャイル方式によるソフトウェア開発の進め方の一例を図表 3-9 に示します。

多フェーズ方式と同様、アジャイル方式でもソフトウェア開発を複数回のフェーズに分けて行います。変更される可能性がほとんどないソフトウェアの基本的な部分を作り上げる「基本開発フェーズ」を最初に置き、その後に「オプション開発フェーズ」を追加してソフトウェアを完成させていきます。基本開発ででき上がったソフトウェアを見ながら、オプション開発の必要性やその内容を検討することも可能なので、すべての仕様検討を想像だけで進める必要がありません。図表 3-9 では開発プロジェクト全体を 2 つのフェーズにしか分けていませんが、実際にはもっと細かく分けることが多いようです。また複数のフェーズを時間的に重ね、並行して進めることもよくあります。

アジャイル方式は「プログラムの部品化がしやすい」というオブジェクト指向プログラミングのメリットを存分に引き出すことのできる進め方であると言えます。発注単位が細かくなり、発注回数も増えることに

●図表 3-9　アジャイル方式によるソフトウェア開発の進め方

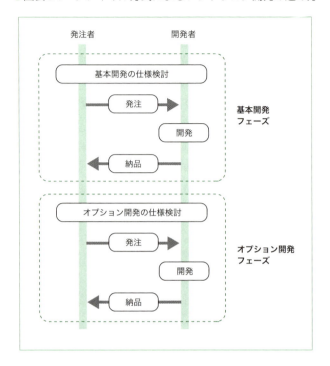

なりますが、不確実要因を含む研究調査性の高いソフトウェアの開発にも柔軟に対応することができ、失敗するリスクも下がることが実証されています［4］。また、ソフトウェア開発に要する平均作業量は、ソフトウェアの規模に比例するわけではなく、規模の2〜3乗に比例する、あるいは指数的に増大することが経験的に知られています［14］。そのため、小さな開発を積み上げることにより、一度に大きな開発を発注するよりも全体的な作業量を減らすことができる効果も期待できます。これは費用の削減にもつながります。

ここまで、ウォーターフォール方式の「研究調査性の高いソフトウェアを開発するのには不利」というデメリットを解決する2つの新しいソフトウェア開発方式、多フェーズ方式とアジャイル方式を紹介してきました。これらの方法を採用すれば、ウォーターフォール方式が苦手とす

る、予想していなかった事態が生じる可能性が高い場合でも、大きな保険をかけておく必要がなくなり、見積もり金額を抑えることができます。

　しかしこれらの方式では、冒頭に記したもう1つの問題、つまり「開発したソフトウェアがどれだけ売れるかわからない」という問題に対応することはできません。X社から依頼されたソフトウェアとほぼ同じソフトウェアを必要とするY社のような会社は、今後999社現れるかもしれませんし、まったく現れないかもしれません。開発したソフトウェアが1,000本売れるかもしれないし、1本しか売れないかもしれないといった場合、赤字になることを絶対に避けるには、販売本数を少なめに予想する必要があります。そのためには、最初の購入者には、1本しか売れないことを想定した価格で売らなければいけません。これでは結局「ぼったくり」になってしまい、冒頭で述べた開発者の悩みは解消しないことになってしまいます。こちらの問題を避ける方法はないのでしょうか？

　この種の問題に対しては、筆者が「シェアウェア（shareware）方式」と呼ぶ進め方があります。「シェア」とは英語で「共有する」という意味で、ここではソフトウェア開発者が、開発にかかった費用をユーザと分担するという意味になります。実際には開発者は、開発したソフトウェアを複数のユーザに販売し、その開発にかかった費用を回収することになります。そのためここでの「シェア」とは、開発にかかった費用を複数のユーザ全員が分担するという意味だと考えてもかまいません。シェアウェア方式によるソフトウェア開発のスキームと進め方を図表3-10、図表3-11に示します。

　それぞれのユーザは開発費の全額ではなく、一部のみを負担します。完成したソフトウェアに関する権利はすべて開発者が保有し、ユーザには使用ライセンスのみが販売されます。たとえば、開発に500万円かかるソフトウェアでも、100人のユーザに使ってもらえるならば、それぞれのユーザには5万円でライセンスを買ってもらえばよいということになります。多くのユーザに使ってもらえることが見込めるソフトウェア、多くのユーザに使ってもらっても問題がないソフトウェアであれば、とてもリーズナブルな価格で提供することができます。

●図表 3-10　シェアウェア方式によるソフトウェア開発のスキーム

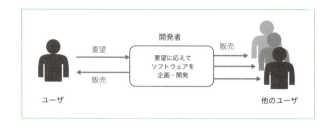

●図表 3-11　シェアウェア方式によるソフトウェア開発の進め方

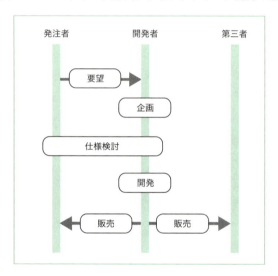

　ただし、シェアウェア方式には1つの課題があります。開発したソフトウェアをたとえば100人のユーザに使ってもらう場合、開発者自身が100人のユーザを見つけてこなければならないということです。損失が出ても気にならない開発者、あるいは優れた販売チャンネルを持っている開発者であれば別ですが、そうでなければ事業として成立させることが難しい手法であると言えるかもしれません。

　このようなシェアウェア方式の課題を解決する進め方が「オープン (open) 方式」です。ここでの「オープン」とは、誰でもソフトウェアの開発プロジェクトに参加することができるという意味ではなく、開発企画が公開されているという意味です。オープン方式の基本的な考え方

●図表 3-12　オープン方式によるソフトウェア開発のスキーム

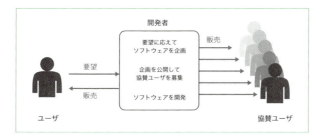

●図表 3-13　オープン方式によるソフトウェア開発の進め方

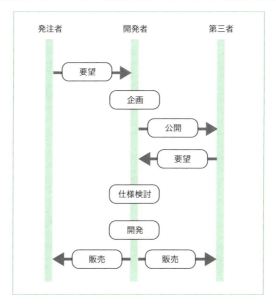

はシェアウェア方式と変わりませんが、開発者が積極的に企画を公開して開発・販売を予告し、場合によっては購入希望を集めることで、販売開始までにそのソフトウェアがどのくらい売れそうかを把握する点が異なります。オープン方式によるソフトウェア開発のスキームと進め方を図表 3-12、図表 3-13 に示します。

　開発したソフトウェアの販売数が予想できるオープン方式では、シェアウェア方式よりもさらに低価格でソフトウェアを提供することができます。開発企画の公開にはプレスリリースなどを活用するケースもあり

●図表3-14　それぞれのソフトウェア開発方式の長所と短所

開発方式	平均費用	計画性	カスタム性	守秘性
ウォーターフォール方式	△	◎	◎	◎
多フェーズ方式	○	△	◎	◎
アジャイル方式	○	△	◎	◎
シェアウェア方式	◎	◎	△	△
オープン方式	◎	◎	△	△

ましたが、最近は資金協力者を事前に募集する「クラウドファンディング（crowdfunding）」のプラットフォームを使って購入希望者を集めることも行われています。多くのユーザに知られたり、使われたりしても問題がないソフトウェアを開発したい場合、大いに検討する価値がある進め方だと言えましょう。

　ここまで、昔ながらのウォーターフォール方式を含め、5通りのソフトウェア開発方式を紹介してきました。ここで大事なのは、ソフトウェア開発の進め方は1つだけではないということ、それぞれに長所と短所があるということです。

　作るべきソフトウェアがどのような特性を持っているのか、納品遅延や予算超過がどこまで許されるのか、情報をどこまで開示してもかまわないのかなど、さまざまな条件によって最適な進め方は変わってきます。さらには1つのソフトウェアをいくつかの部分に分け、それぞれを別々の進め方で開発するようなことも可能です。良心的なソフトウェア開発者であれば、最良のソフトウェア開発方式を選ぶ相談にも応じてくれるはずです。ソフトウェア開発の進め方を発注者だけの判断で決めず、開発者とよく相談して決めるようにしてください。そしてウォーターフォール方式よりも、多フェーズ方式やアジャイル方式、シェアウェア方式やオープン方式の方が、ソフトウェア発注者と開発者の間で、濃密なコミュニケーションが必要になることも忘れないでください。発注者と開発者のコミュニケーションが悪いと、最良のソフトウェア開発方式を選ぶことさえできなくなるのです。

■ソフトウェア発注と法律

ソフトウェア開発の進め方について述べたところで、ソフトウェア発注に関する法律についても少し触れておきましょう。わが国では、商法で定められている次の2条がソフトウェアの発注契約を類型化する法律とされています。ソフトウェア発注契約をする際には、多くの場合、どちらか一方の類型を選ぶことになります。この2条の内容を簡単にまとめると次のようになります。

民法第632条　請負
　開発者は発注者が仕様を定めたソフトウェアを完成させ、それに対して発注者がお金を支払う

民法第656条　準委任
　開発者は発注者が指示したソフトウェア作成作業を行い、それに対して発注者がお金を支払う

これらの条文を読むと、請負契約（第632条）の場合、発注者は契約時までに「ソフトウェアの仕様」を確定させておかないといけないことがわかります。また準委任契約（第656条）の場合、発注者は契約時までに「指示するべきソフトウェア作成作業の内容」を確定させておかないといけないこともわかります。契約とは本質的に「約束」ですから、契約時までに約束の内容、すなわち「作るべきもの」や「やるべきこと」を決めて合意しておかなければなりません。別の言い方をすると、プロジェクトの進行とともに内容が変わっていくような開発は、1件だけの契約で済ませることができないのです。

ウォーターフォール方式・多フェーズ方式・アジャイル方式のうち[*5]、1件の契約だけでソフトウェア発注が完結するのはウォーターフォール

[*5]: 前項ではシェアウェア方式・オープン方式についても説明しました。しかしシェアウェア方式とオープン方式は、厳密にはソフトウェアの発注（開発委託）方法の工夫ではなく、購入方法の工夫に該当しますので、ここでは除外しました。

方式だけです。プロジェクトの途中で仕様が変わることを許容するフレキシブルな進め方をしたければ、面倒でも多フェーズ方式やアジャイル方式のように複数回に分けて発注するか、約束する内容が「作るべきもの」と「やるべきこと」のいずれでもない、独自の契約内容を考えるかしなければいけません。

　プロジェクトの進行とともに内容が変わっていくような開発に携わることが多い筆者は、以前から多フェーズ方式やアジャイル方式にも対応する、新しい契約の類型が現れないものかと思っていました。そんな中、ようやく行政にもそのような契約の類型を定めようとする動き [17] が出てきたようです。まだ議論は始まったところですが、今後は国内でもウォーターフォール方式だけでなく、多フェーズ方式やアジャイル方式でのソフトウェア開発も一般的になっていくものと考えられます。ソフトウェア発注では「請負契約」と「準委任契約」のどちらか片方に決めなければならない、そのように考えている発注者はまだ多いようですが、その「常識」は変わってきています。

3 サブスクリプションは損なのか

近ごろ一般的になってきたサブスクリプション課金。損になると思っているユーザも多いようです。しかし本当に損なのかどうか、ここで少し考えてみましょう。

　最後に、ソフトウェアのユーザが開発者に対価を支払う方法について触れましょう。ユーザに対価を支払ってもらう（課金する）方法として「サブスクリプション（subscription）」を採用するソフトウェア製品が増えてきています。「サブスクリプション」とは英語で「定期購読」の意味。この言葉を支払い方法として使う場合、一定の使用期間ごとに所定の料金を支払う方法を意味することになります。

　サブスクリプションそのものは決して目新しいものではありません。身の周りを眺めてみると、一定の期間ごとに料金を支払うものは数多くあります。電気・水道・ガス・電話などの使用料、新聞や雑誌の購読料やテレビの受信料、事務所の家賃や社用車のリース代、時間決めの駐車料金などもそうです。

　サブスクリプションは、家電量販店などで売られているソフトウェア製品（パッケージ製品）に限られた支払い方法ではありません。発注者が個別に開発してもらう一品もののソフトウェア（カスタム製品）に対しても、自由に設定することができます。ところが国内のものづくり現場には、まだサブスクリプションでの支払いに抵抗感があるようです。筆者は顧客にソフトウェアの見積もりを提出する際、「支払い方法として、買い切り（一度きりの支払い）とサブスクリプションのどちらがいいか？」と尋ねることがあります。これに対して、圧倒的に多くの顧客が買い切りを希望します。使い続ける限りずっと費用が発生し続けるサブスクリプションは割高になると思われているようです。サブスクリプションを基本としているソフトウェア製品に対し「10年分の使用料を最初にまとめて支払うから、買い切りとさせてほしい」と要望する顧客もいます。しかし本当にサブスクリプションは割高なのでしょうか？

冷静に考えてみると、サブスクリプションとは非常に合理的な考え方です。サービスや製品を使う期間が長いほど、ユーザには多くのメリットがもたらされるからです。メリットが多いのなら、その分多くの対価を払っても損にはなりません。そして壊れたり傷んだりすることのないソフトウェアは、もっともサブスクリプションと相性のよい商品であるといえます。実際ソフトウェアの支払い方法をサブスクリプションにするとどのようなメリットが得られるのか、次の例で考えてみましょう。

　ソフトウェアの開発・販売を手がけるベンダが、あるソフトウェアに100万円の（a）買い切り価格を設定していた。ユーザがそのソフトウェアを使い続ける期間は平均すると約10年であることがわかっているので、そのソフトウェアに10万円／年の（b）サブスクリプションを設定することを検討する。

これを図にすると図表3-15のようになります。

●図表3-15　買い切りとサブスクリプションでの支払い金額

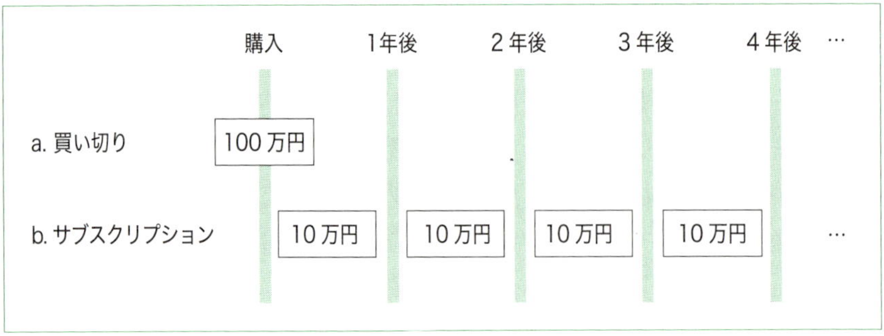

	購入	1年後	2年後	3年後	4年後	…
a. 買い切り	100万円					
b. サブスクリプション		10万円	10万円	10万円	10万円	…

この例でサブスクリプションを設定すると、どのようなメリットが得られるでしょうか？　いくつか挙げてみます。

ユーザが負担する初期費用が安くなる

　買い切りでは 100 万円が必要になるソフトウェアを、サブスクリプションでは 10 万円で試すことができるので、ユーザが初期に負担する費用が大幅に安くなります。1 年間試して期待した効果が得られない場合、2 年目以降のサブスクリプションを打ち切れば、それ以上の支払いも必要ありません。

短期ユーザに対する割高感が解消される

　いろいろな理由から、長期間にわたってそのソフトウェアを使い続けることが難しいユーザがいます。2 年しか使わないユーザが 100 万円のソフトウェアを買うのは割高な感じがしますが、サブスクリプションなら 20 万円で済みます。もし追加で 1 年使うことになったら、その時には 1 年分の追加費用を用意すればいいだけです。

ユーザサポートが提供しやすくなる

　ベンダにしてみると、サブスクリプションの方がユーザサポートの提供がしやすくなります。ユーザサポートを提供するにも原価がかかるので、ユーザがそのソフトウェアを長期間にわたって使い続けると、いつかは赤字になってしまうからです。サブスクリプションであれば、年間費用の範囲内でしっかりしたサポートを提供し続けることができます。

開発者のモチベーションが高まる

　新しいソフトウェアの開発を発注する場合、サブスクリプションで支払うようにすると「ユーザに長く使い続けてもらえるソフトウェアを作ろう」という開発者のモチベーションが高まります。その結果、買い切りとする場合よりも優れたソフトウェアができ上がってくることが期待されます。

このようにサブスクリプションにはたくさんのメリットがあります。それではデメリットはどうでしょうか?

長期ユーザの支払い総額が増える

ユーザがそのソフトウェアを10年を超えて使い続ける場合には、支払い総額が買い切りでの金額（100万円）を上回ります。

経理処理の手間が増える

年間費用を1年ごとに計上する必要があり、その分手間が増えます。

しかし、このようなサブスクリプションのデメリットは、そのメリットに比べてずっと小さなものです。長期ユーザの支払い総額が増える点について言うと、ユーザがそのソフトウェアを使い続けるのは、それによって年間費用を上回るメリットが得られる場合に限られますから、ユーザにとって損になることはありません。また経理処理の手間が増える点について言うと、その手間による損失は、上記のようなメリットとは比較になりません。つまりサブスクリプションはユーザにとって損どころか、むしろ大きなメリットをもたらす支払い方法なのです。

筆者自身、ソフトウェアのように半永久的に使い続けることができる商品に対する支払いは、買い切りよりもサブスクリプションの方が自然だと感じていますし、もっとサブスクリプションを活用することをお勧めしています。これまで買い切りが一般的だったのは、単にそれが慣習になっていたからにすぎません。サブスクリプションにメリットを感じるのであれば、ソフトウェア発注の見積もりを出してもらう際、開発者に「サブスクリプションで支払うことはできないか?」と切り出してみましょう。喜んで応じる開発者が多いと思います。

ただ、一部のソフトウェア開発者は、サブスクリプションよりも買い切りを希望するかもしれません。中には、早く代金を支払ってもらいたい開発者もいるからです。しかしそのような場合でも、あきらめる必要はありません。図表3-16のように、買い切りとサブスクリプションを折衷させた（両方の「いいとこ取り」をした）中間的な支払い方法であ

● 図表 3-16　買い切りとサブスクリプションを折衷させた支払い方法

れば、受け入れてもらえる可能性があるからです。3通りの支払い方法1〜3では、最初に支払う金額がそれぞれ異なりますが、いずれも10年間では合計100万円を支払うことになります。

　ソフトウェア開発の対価をサブスクリプションで支払うには、事前に決裁者・経理担当者を含め、発注者の社内で認識合わせをしておく必要があります。この認識合わせにはいくらかの手間もかかるでしょう。しかし支払い方法にサブスクリプションという選択肢があること、それは買い切りに比べて決して損ではなく、むしろ得であるという認識を関係者で共有し、いつでも選べるようにしておくことには大きな意義があるはずです。

第4章

ものづくり現場からの
ソフトウェア発注

　第3章では、ソフトウェア発注の失敗を避ける方法を考えるための予備知識として、ソフトウェア開発のあり方が大きく変わってきた現状について解説しました。最初にしっかりと仕様を決め、以後はその仕様に従って開発を進めていく「ウォーターフォール方式」がかつての主流でしたが、最近ではオブジェクト指向プログラミングのメリットを活かし、予想していなかった事態にも対応しやすい「多フェーズ方式」や「アジャイル方式」が選択肢に加わったことも記しました。第3章までの内容は、とくに「ものづくり現場からの発注」に特化したものではありませんでしたが、ここではそこからもう一歩踏み出し、ものづくり現場の読者にとってぜひとも知っておきたい予備知識をお伝えします。

1 ものづくり現場で使われるソフトウェアの特異性

ものづくり現場で使われるソフトウェアは、どちらかと言うと「作りにくい」ソフトウェアであるといえます。理由を知り、失敗の予防につないでいきましょう。

　インターネット書店のウェブサイトで「ソフトウェア」「システム」「発注」「外注」といったキーワードで検索してみると見つかるように、世の中にはソフトウェア発注の指南書［7］［8］［9］［10］［11］［他］がいくつも出版されています。それらを開いてみると、発注者がやるべきことが詳しく具体的に書かれており、そのとおりに作業を進めていけば、誰でもソフトウェア発注プロジェクトを成功させることができそうな気にさせられます。ところが、そうした書籍をしっかり読んでソフトウェア発注に臨んだにもかかわらず、プロジェクトを失敗させてしまう残念な例が後を絶ちません。どうしてそのような結果になってしまうのでしょうか？

　その大きな原因の1つに、ひと言に「ソフトウェア」と言っても、実に多様な種類のものが含まれているということがあります。ソフトウェアの種類が異なればその発注ノウハウも異なりますから、あらゆるソフトウェア発注を1冊の本ですべて説明することはできないのです。

　試しにソフトウェアをいろいろな切り口で分類してみましょう。少し眺めてみただけでも、ソフトウェアには非常に多くの種類があることがわかります。そしてソフトウェアの種類が違えば、それをつくる上で守るべきポイントや避けるべきタブーが、まるで変わってくるのは当然のことです。同じ「文字を書く」仕事であっても、書道家と小説家には全然違うスキルが求められるのと同じです。1冊の本だけであらゆる種類のソフトウェア発注を網羅するのにはムリがあるのです。

　ところが、上記のような指南書を読む人の中には、そのことに気づいていない人もいます。指南書が想定しているソフトウェアの種類と、その読者が作ろうとしているソフトウェアの種類が異なっていれば、当然

●図表 4-1　ソフトウェアの分類と種類の例

分類の切り口	種類
ハードウェア	パソコン／携帯機器／マイコン／PLC(programmable logic controller)／スーパーコンピュータ……
プラットホーム	Windows／Android／Linux……
動作形態	クライアント／サーバ／バックグラウンド／並列実行……
ユーザの範囲	依頼者のみ／専門家一般／不特定多数
使用場所	家庭／事務所／工場／研究室／公共……
産業分野	銀行・金融／医療・福祉／製造／流通・小売り／サービス／通信／教育／娯楽／農業／行政／交通／軍事……
使用目的	事務処理／シミュレーション／装置制御／検査・診断／情報の共有・伝達／メディア・表現／人工知能的処理……
プログラミング言語	Python／C／C++／Java／C#／Visual Basic .NET／JavaScript……
使用技術	ハードウェアドライバ／ライブラリ／フレームワーク／データベース／ウェブ API……
重視される特性	使いやすさ／習得しやすさ／外見・印象・デザイン／実行速度・応答速度／信頼性・可用性／長期供給性／機能数・自由度／精度／使用開始時期／費用／専門性／アクセシビリティ／マルチプラットフォーム……

のように発注プロジェクトは失敗してしまいます。

　筆者の見たところ、多くの指南書は「ウォーターフォール方式」（→第3章2）と呼ばれるソフトウェア開発方式を想定して書かれています。ウォーターフォール方式をひと言で説明するなら「すべてを契約時の仕様に基づいて決めていく」進め方です。昔ながらの方法であるウォーターフォール方式は、「アジャイル方式」などの新しい方法が普及してきた今日ではやや古臭い感があります。しかしそうかと言って、これらの指南書が役に立たないかと言えば、そんなことはまったくありません。普遍的・永続的にニーズがある人事システムや経理システムなど、いわゆる「基幹システム」の開発に適したウォーターフォール方式は、今でもソフトウェア開発プロジェクトの大きな割合を占めているからです。そうした基幹システムを作りたい発注者にとっては、これらの指南書はとても有益です。つまり、これらの指南書は、ソフトウェア発注における「ボリュームゾーン」を想定して書かれていると言えます。

1回だけの契約でソフトウェア開発を完結させるウォーターフォール方式では、発注前に徹底的な検討を行い、これから作るソフトウェアの仕様をしっかり決めておくことが求められます。ところが、ものづくり現場からのソフトウェア発注になると、そうした事情は大きく変わります。この場合、発注前にソフトウェアの仕様をしっかりと決めることがなかなかできず、たいていの場合、ウォーターフォール方式は採用してはいけない選択肢になります。盲目的にウォーターフォール方式を採用すると、後から致命的な問題がいろいろ噴き出してしまいます。

　ウォーターフォール方式はなぜものづくり現場からのソフトウェア発注に適していないのでしょうか？　それは、ものづくり現場で使われるソフトウェアには、それを取り巻く特有の事情があり、そのために発注時点で仕様を十分に固められない、あるいは開発にかかる期間や費用が見通せないからです。その事情とはどのようなものか、以下でそれぞれ見ていきましょう。

■研究調査性が高い

	実際に試してみないとわからないことが多い
事　情	課題が特殊であり、それを解決するための方法が定式化・確立されていないことが多い
例・説明	初めて使う周辺機器が期待している機能や性能を発揮するか、初めて使うライブラリやドライバを使いこなすことができるか、新たに考案した画像処理アルゴリズムが正しく機能するか……といったことは、実際に試してみないとわからない。しかしそのような発注前に試行環境を整えることも容易ではない
対　策	多フェーズ方式でソフトウェア開発を進め、先行的に行う可能性検証フェーズで不確実要因をできるだけ排除しておく

他のソフトウェアやシステムとの取り合いが多い

事　　情	既存の装置を制御したり、他のシステムと連携させたりしなければならないことが多い
例・説明	機械装置に接続して制御や監視を行うシステムを開発するなら、その機械装置との通信をどのように行えばいいのか、説明書を熟読しないといけない。また社内のデータベースシステムにデータを渡すシステムを開発するなら、そのデータベースシステムの仕様書を入手してインタフェースを理解しないといけない。インターネット上にヒントになりそうな情報は乏しい
対　　策	多フェーズ方式でソフトウェア開発を進め、先行的に行う可能性検証フェーズで、他のソフトウェアやシステムにつなぐ方法を調査する

技術分野ごとの専門知識が必要になることが多い

事　　情	ソフトウェア開発の知識だけでなく、技術分野に特化した専門的な知識が求められることが多い
例・説明	3Dプリンタ用のソフトウェアを開発する場合、CADデータに関する知識、画像処理に関する知識、温度制御に関する知識、モータ駆動に関する知識、インタロックや安全装置に関する知識など、幅広い知識を持っている必要がある
対　　策	その技術分野で必要となる専門知識を保有する開発者に発注する。あるいはそうした専門知識を開発者と共有するための仕組みを用意する

■ガイドライン・前例・手本がない

作り方が定式化されておらず、作り方の手本も存在しない

事　　情	ソフトウェアの土台となるテンプレートやフレームワーク、参考になるサンプルなどが世の中に存在していない
例・説明	画面デザインや操作方法をどのようにするか、通知をどのような方法で行うか、どのような場合に異常と判定するか……

例・説明		といったことについて、発注者と開発者のイメージしている内容が異なると、期待していたものとは異なるソフトウェアが作られる
対　　策		仕様について話し合うためのたたき台を早期に用意する。それに先立ってブレーンストーミングを行い、なるべく多くのアイデアを交換する

既存のソフトウェア部品が役に立たないことが多い

事　　情		ソフトウェアが必要とする機能が、既存のライブラリ・フレームワーク・プラットフォームでカバーされないことが多い
例・説明		画像処理システムでは、既存の画像処理ライブラリの機能が使えず、教科書に載っていないアルゴリズムを開発しなければならないことがある。また、パソコンの性能を高めたり、特殊なハードウェアを搭載しなければならなかったりすることもある。インターネット上にヒントになりそうな情報は乏しく、たいていは自分で試行錯誤しなければならない
対　　策		多フェーズ方式でソフトウェア開発を進め、先行的に行う可能性検証フェーズで、アルゴリズムの実用性や、ハードウェアの構成を試す

ソフトウェアを使用する目的が多岐にわたる

事　　情		ソフトウェアの使用目的が検知・測定・判定・分類・駆動・計画・評価・変換・通知・表示…と幅広く、それぞれの知識が求められる
例・説明		検知を目的とする場合、どのような原理のセンサが使えるのか、それぞれの短所をどのように補えばいいのか……といったことを知らなければならない。また測定を目的とする場合、所定の精度を得るのに何回測定すればいいのか、どのような統計処理を行えばいいのか…といったことを知っておかなければならない
対　　策		その目的に関する知識を保有する開発者に発注する。あるいはそうした知識を開発者と共有するための仕組みを用意する

高い頻度で改変が要求される場合が多い

事　情	制御対象の装置が変更されたり、連携しているシステムの仕様が変わったり、業務のやり方が変わったりするたび、ソフトウェアの作り直しが必要になる
例・説明	現場ごとの目的・課題に特化して一品で設計・開発されるソフトウェアは、どうしても使用環境や動作環境の変化に弱くなりがちである。物理的に接続している装置・機器やシステムが変わるだけでなく、使い方やルールが変わることも想定しておかないといけない
対　策	オブジェクト指向プログラミングのスキルが高い開発者に発注する。高い頻度でソフトウェアの改変が必要になることをあらかじめ開発者に伝え、十分な自由度を持たせておく

■要件が厳しい、制約が多い

納期に対する要件が厳しいことが多い

事　情	ソフトウェアが完成しないと、設備全体や工場全体の稼働開始が遅れてしまい、大きな損失につながることがある
例・説明	新たに立ち上げる生産ラインに組み込む予定の外観検査システムなどでは、そのソフトウェアの納品が遅れると生産ラインを稼動させることができなくなり、新製品の発売遅れにつながって大きな損失が発生する
対　策	多フェーズ方式でソフトウェア開発を進め、先行的に行う可能性検証フェーズで不確実要因をできるだけ排除しておく

速度や性能に対する要件が厳しいことが多い

事　情	ソフトウェアの速度や性能が、設備全体や工場全体の生産能率を決めてしまい、大きな損失につながることがある
例・説明	外観検査システムのソフトウェアでは、1分間に検査することのできる物品の数、不良品を見逃す割合「見逃し率」、良品を不良品と間違える割合「誤検出率」といった要件が設定されることが多い。これらの要件は往々にしてトレードオフ

例・説明	の関係になり、すべてをクリアすることは必ずしも容易ではない
対　策	多フェーズ方式でソフトウェア開発を進め、先行的に行う可能性検証フェーズで、要件間のトレードオフがどのように変化するのかを把握しておく

使用する現場に独自の制約を受けることが多い

事　情	業界のしきたりや会社が定めるルールなど、独自の決まりごとに従わなければならない場合も多い
例・説明	セキュリティ上の理由から共用 LAN への接続が禁止されていたり、通信方法にルールが設けられていたりする。またインタロックの条件や警告灯の表示方法に対し、統一されたガイドラインが業界や会社によって定められている場合もある。そのような制約があることに、ソフトウェアが完成するまで気づかないことも多い
対　策	アジャイル方式でソフトウェア開発を進め、独自の制約の影響を受けそうな部分の開発をなるべく後のフェーズで行う

使用する現場の文化的・社会的な制約を受けることが多い

事　情	職場ごとにそれぞれ独自の事情や考え方があり、それへの配慮が足りないと使ってもらえないことがある
例・説明	これまで業務を Excel でこなしていた人は、新しいソフトウェアに対しても Excel と同様の操作性を期待することが多い。また、業務をカメラで撮影することに対して抵抗感を持つ人が多く、カメラを使う解決方法を選択肢から外さなければならなくなる場合もある。そのような制約があることに、ソフトウェアが完成するまで気づかないことも多い
対　策	アジャイル方式でソフトウェア開発を進め、現場の文化の影響を受けそうな部分の開発をなるべく後のフェーズで行う

	費用に対する要件が厳しいことが多い
事　情	費用対効果が見積もりにくいため、開発内容に対して用意することのできる予算が少なくなりがちである
例・説明	わが国のものづくり現場には、これまでシステムやソフトウェアを使わずに業務を続けてきた実績があるので、それらの新規導入は後回しにされがちである。そのため計画的な予算が確保されておらず、開発の難しさに対して十分な費用をかけることができない場合がきわめて多い
対　策	ソフトウェア開発を秘密にする必要があるかどうかを検討し、可能な範囲でシェアウェア方式やオープン方式を採用する

　このように、ものづくり現場からのソフトウェア発注にウォーターフォール方式が適さない、その背景となる事情がたくさんあることがわかりました。盲目的にウォーターフォール方式を採用せず、第3章-2で紹介した各種の近代的なソフトウェア開発方式が使えないかどうか、積極的に検討することが重要です。

　ソフトウェアは1種類だけではありません。とりわけ、ものづくり現場で使われるソフトウェアは実にさまざまです。そしてものづくり現場からのソフトウェア発注には、基幹システムなどと異なる特異な事情があること、それに起因する難しさがあることを理解しておく必要があります。さもないと、世の中で伝えられているソフトウェア発注の「常識」を、どこまで信じていいのかを判断することができなくなります。ものづくり現場からのソフトウェア発注では、一般的な指南書に書かれている「常識」が通用しないこともよくあります。このことは心にとどめておいてください。ここでの見出しには「ものづくり現場で使われるソフトウェアの特異性」となってはいますが、むしろ特異なのは、多くの指南書が想定しているウォーターフォール方式の通用する、ごく一部のソフトウェアの方なのかもしれません。

2 ものづくり現場とシステムベンダの残念な関係

残念ながらわが国では、ものづくり現場とシステムベンダの関係があまり良好ではないように見えます。そのような状況を放置していていいのでしょうか？

2章からここまで述べてきた「ソフトウェア発注プロジェクトを失敗させないために必要な予備知識」の締めくくりとして、また「ものづくり現場からのソフトウェア発注」に深く関係する事情として、過去のわが国で起きた残念なできごとと、今も続くその後遺症についても触れておきます。これから述べる内容は、あくまで筆者の考える「仮説」です。この仮説には人間の心理に関わる要因が含まれているので、「この仮説のすべてが正しい」と言い切ることはできません。しかし、筆者のかつての同僚（大手メーカの社員）や全国のものづくり現場にいる人々、延べ数百人から聞いてきた話を総合すると、あながち間違ってもいないように思われます。1つの、ただし確度の高い可能性として参考にしてください。

「はじめに」でも述べたように、わが国のものづくり現場には、コンピュータシステムへのアレルギ、あるいは拒絶反応とでもいうべき感情が広がっています。実際に筆者が数多くの工場を訪問してきた経験の中では、たとえば「コンピュータ」「システム」「ソフトウェア」といった言葉を聞いただけで「うちの会社には関係ない」と突っぱねる人がいました。あるいは、筆者がソフトウェア開発会社の人間だと聞いただけで「だまされるのではないか」と疑心暗鬼になったり身構えたりする人もいました。また、筆者がコンピュータシステムの紹介で工場を訪問した際、まるで怪しげな健康食品のセールスマンや、新興宗教の勧誘員に対するような目を向けられたり、怒鳴られたりしたこともありました。こうした数々の例を見ていると、ソフトウェア開発者を含むシステムベンダは、ものづくり現場から「嫌われている」、あるいは「どうでもいいと思われている」と感じる場面が総じて多いのです。信頼関係が非常に

●図表 4-2　戦後日本の経済史

薄いように感じられます。

　当然のことながら、ビジネスの基本は信頼関係にあります。信頼できない相手とはビジネスができません。ですから上記のような状況は非常に不幸です。業務を合理化して利益を上げるためにシステムベンダの協力を得るという道を、ものづくり現場が自ら閉ざしてしまっているとも言えます。ちなみに筆者は、海外の顧客候補にもコンピュータシステムを紹介した経験を持っていますが、海外の人からそのような不信感を感じたことは一度もありません。どうもわが国に特有の事情であるようです。それではいったいなぜ、そうなってしまったのでしょうか？

　この問いに対して、筆者は1つの「仮説」を持っています。それは「わが国では歴史的経緯により、ものづくり現場とシステムベンダの間に深いみぞができてしまった」という仮説です。以下でお話ししていきましょう。

　約80年前に第二次世界大戦の敗戦国となったわが国は、経済を立て直そうと大変な努力をしました。その甲斐あって終戦からわずか10年後の1955年には、国内総生産（GDP：Gross Domestic Product）が戦前の数字を上回り、翌1956年には時の内閣が「もはや戦後ではない」と宣言するに至りました。そしてその驚異的な経済回復と経済成長は

その後も18年にわたって続きました。「高度成長期」と呼ばれる1955年から1973年までの期間にはGDPの年間成長率が平均10％にも達し、1968年にはアメリカに次いで世界2位となる国民総生産（GNP：Gross National Product）を達成しました。日々の食べ物にも困る人が大半だった社会からわずか30年で、多くの人が自動車や電化製品の恩恵を受ける社会へと変貌したのです。

わが国が驚異的な経済回復と経済成長を実現することのできた理由については、優れた解説書が多くありますので、本書では詳細を省きます。ただ、その間に外国で勃発した戦争（朝鮮戦争など）による特需がわが国の経済にはプラスに働いたことと、労働者や国民の安全や健康を省みない政策や経営で多くの人が事故や公害の犠牲になったこと、この2つだけは特記しておきます。わが国の戦後復興と高度成長は、きれいごとをかなぐり捨てた、まさにがむしゃらな努力の結果でした。

ともあれ日本経済は、終戦から30年の間に、大きな回復と成長を遂げることができました。この成功を牽引したのが工業（製造業）でした。メーカ各社は積極的に技術革新に取り組み、高い経済成長率によって生まれた円高も利用して、海外から最新の技術や設備を導入しました。そしてつくられた高品質・高性能の製品を低価格で海外に販売し、利益を上げるという好循環を生み出したわけです。

当時小学生であった筆者は、この状況を社会科の授業で「日本は加工貿易国である」と習いました。日本は海外から材料を買い、それを製品に加工して海外に売ることで生きていく国であるということです。確かに1973年まではその理解のとおりでした。そしてこの時点では、まだ世の中にコンピュータがほとんど浸透していませんでした。コンピュータや情報機器に頼り切っている私たちからすると、1970年代にメーカ各社が、表計算ソフトウェアや各種の工学ソフトウェア、インターネットを使っての情報収集、通信販売……といった「現代の必需品」に頼りもせず、あれだけの品質の機械製品を設計し、低コストで生産していたことに驚きを感じます。それは間違いなく誇るべきことです。

稼げる業種となった工業（第2次産業）は花形として若者の就職人気を集め、農業・林業・水産業などの第1次産業を衰退させました。

行政も工業を主要な産業として位置付けるようになり、ものづくりを重視した政策を採るようになりました。大きなメーカは立地した自治体にも大きな影響を与え、「企業城下町」などと呼ばれる地方都市が生まれていきました。

行政がメーカを保護し、メーカと行政が共存していくというやり方は、当初はそれでよかったのかもしれませんが、コンピュータが世界的に普及していくとともに少しずつ空回りを始めます。わが国の高度成長期の成功は、個々の社員が高度な人的スキルを磨くことによって達成されたものですが、そうした人的スキルの中にコンピュータに取って代わられるものが出てきたからです。国内のものづくり現場は「コンピュータが存在していない」ことを前提とした環境に高度に適応してきましたが、その前提が崩れ始めました。

生物が周囲の環境に合わせて都合よく進化していくことを生物学では「適応」と呼びます。そして適応しすぎて環境の変化に弱くなってしまうことを「過適応」と呼びます。コンピュータの普及により、日本の産業政策に過適応の弊害が現れ始めたのです。

第3章-1で述べたように、1980年代に入るとコンピュータやソフトウェアの急激かつ世界的な普及が始まりました。このときに日本が持っていた「我々はものづくり立国である」という自負がすっかり裏目に出ました。システム技術やソフトウェア技術は「ものづくり」ではないとの理由から軽視され、政策的にはほとんど保護されないということが起きたのです。システム開発業が、実質的に「製造業」であるにもかかわらず「サービス業」に分類されていたり［17］［他］、各種の補助金制度からソフトウェア開発業が外されていたりすることからも、ソフトウェアがものづくりの要素とは見られていなかったことが伺えます。そして残念なことに、その傾向は今でも続いています。

風当たりが強くなってきた兆しを感じながらも、1990年ごろには戦後復興以来の製造業はピークを迎えます。この頃には日本中の工場に、当時最新とされていた生産設備が導入されていました。ところがそれらの機械設備の多くは、コンピュータシステムとの連携を十分に考慮したものではありませんでした。当時はまだ、生産設備とコンピュータシス

テムを連携させるという考え方が一般的でなく、そのため生産設備がそのように作られていなかったからです。しかし、中国・インドなどの振興工業国では事情が違いました。経済がもっとも発展した時代に、すでにパソコンが普及していて、その能力や可能性をすでに多くの人が知っていたからです。新たな工場を建てたり、新たな生産設備を導入したりする際、当然のようにコンピュータシステムとの連携が考慮されました。メーカは新設する工場の各所にサーバを設置するためのスペースを確保したり、生産整備を導入するにあたって動作状態や異常をパソコンに知らせる機能が付いた機種を選んだりしました。古くからある国内の工場で、生産設備の稼働状況をノートに書き留めて管理していた頃、海外の工場ではその作業を、パソコンを使って自動的に行っていました。さらに後から工業を振興させた国では、生産設備をインターネットやスマートフォンなどと連携させることを当たり前のように考えていました。いわゆる「IoT (Internet on Things)」の考え方を初めから取り入れていたわけです。

　当時日本にもシステムベンダは存在していましたが、「日本経済を支えている」との自負を持つ製造業の人々からは格下に見られていました。発注者であるメーカの側に十分な知識がなく、高い買い物をさせられたり、不具合の多いシステムや動かないシステムを買わされたりすることもよくありました。本来採用すべきでなかったウォーターフォール方式によるソフトウェア開発を、知識不足から採用してしまい、期待外れな結果を招いた場合も多かったのですが、メーカの担当者の目にはシステムベンダが「きちんと仕事をしなかった」、あるいは「理不尽な請求をしてくる」ように映りました。

　そもそもメーカとシステムベンダの間に信頼関係が培われていないのですから、どうしてもそのようなトラブルが多くなります。システムベンダを見下すメーカは「高いお金を払ったのに、役に立たないものを作りやがって」と言い、メーカの横柄な態度に反発するシステムベンダは「短い納期に少ないお金、いい加減な指示では、しっかりしたものなど作れない」と言いました。どちらの言い分にも一理ありますが、やはり信頼関係の欠如からくるコミュニケーション不足がトラブルの根源であ

るように思われます。ソフトウェア発注を巡るこうしたトラブルは多発しましたが、1986年くらいから始まった好景気（バブル景気）のうちには、多少ムダな投資をしても何とかなるだけの余裕がメーカにありました。

そうこうしているうち、1991年にいわゆる「バブル崩壊」が起きます。バブル景気の急激な終焉は、固定資産を抱える製造業と金融業にとくに大きなダメージを与えました。日本中でメーカの買収や銀行の破産が起き、多くの会社が生き残りをかけて合併を模索したことを覚えておられる読者も多いのではないでしょうか？ そんな中で台頭してきたのが「ITベンチャ」などと呼ばれる、インターネットなどの情報通信技術（ICT: Information & Communication Technology）を活用した業種でした。とくに通信販売や情報流通を手がけるネットビジネスは、メーカのように社員の個人的なスキルに競争力を委ねることをせず、コンピュータシステムとして作られた仕組みによって競争力を得る戦略を採り、大成功しました。いくつかのITベンチャは低迷を始めた国内経済を尻目に、在庫や固定資産を持たない身軽さを活かして積極的な投資を行い、急速に成長していきました。

リストラの嵐が吹き荒れる製造業の人々が、これをおもしろいと思うわけがありません。ネットビジネスの創業者の中には、野球チームを買収したり、ゴルフ場を経営したり……と派手なパフォーマンスをする人が多く（景気のいいところを見せないと人が集まらないという事情もわかりますが）、これも少なからず製造業のねたみを買う原因となりました。そしてメーカの目には、システムベンダとITベンチャが重なって映ったようです。筆者もソフトウェア開発者本来の姿を理解いただけていないものづくり現場の人から、ネットビジネスを手がけるITベンチャの創業者と一緒にされ、「虚業で食っているくせに」とか「ラクして儲けやがって」などと悪口を言われたことがあります。さすがに今ではそのようなことは減ってきましたが、「ソフトウェア開発が虚業である」「システム開発はラクな仕事である」といった誤解が根強くものづくり現場に残っていると実感させられることがあります。

国内のものづくり現場とシステムベンダの間には、このような経緯で

深いみぞが生まれてしまいました。そしてこのみぞは、製造業と日本経済に大打撃をもたらしました。コンピュータシステムが世の中に普及し始めたとき、多くの可能性が残っていたときに、日本という国はスタートを切ることができなかったのです。その結果「失われた30年」などと揶揄される経済に陥ってしまいました。

　ものづくり現場とシステムベンダが不幸な形で出会ってから30年が経った今、一度生まれたみぞは以前ほど深くはなくなってきたようです。ソフトウェア開発者の立場から見ても、「自分たちのことをよく理解してくれている」と感じさせる顧客はずいぶん増えてきました。これはとても喜ばしいことです。

　しかし、そのみぞが完全になくなったわけではなく、今でも残っていて新しい懸念を生み出しつつあります。その懸念とは、システムベンダがものづくり現場をビジネスの対象、すなわち「お客様」と見なさなくなってきたということです。ものづくり現場から発注されるソフトウェアは、開発に手間がかかる割に予算が限られていることが多いため、ソフトウェア開発者にとってありがたみが少ないと言えます。またわが国の製造業は、いまだに1つひとつのソフトウェア開発会社、1人ひとりのソフトウェア開発者を大事にしているとは言えません。よもや意図してのことではないでしょうが、ソフトウェア開発者を怒らせるようなことを平気で繰り返しています。こうしたことに嫌気を感じたソフトウェア開発者が、次々にターゲット市場から製造業を外してきているのです。筆者の所属する株式会社イマジオムはよく製造業向けの展示会に出展していますが、その会場を歩き回ってみても、ものづくり現場に向けた出展社が一時期に比べてずいぶん減ったように感じます。一方で流通業向けや全業種向けの展示会には、依然として多くのソフトウェア開発会社が出展しており、それらが向いている方向をはっきりと示しています。

　本章-1でも述べたように、ものづくり現場で使われるソフトウェアはきわめて多様です。ちょっと特殊なソフトウェアやちょっと高性能なソフトウェアを作ってもらおうとしたり、ちょっとムリな条件や厳しい制約がある中でソフトウェアを作ってもらおうとしたりすると、知り合いの開発者が1,000人いたとしても、頼ることができる開発者はたっ

た1人しかいないといった状況は、ものづくり現場からのソフトウェア発注ではまったく珍しくありません。せっかく出会ったソフトウェア開発者とうまくいかず、ソフトウェア制作の選択肢や可能性を自分から狭めていくのは、自分の首を絞める行為とも言えます。30年前にものづくり現場とシステムベンダの間に生まれたみぞは、今日でもまだ残っています。この状況を放置すると、将来ものづくり現場からソフトウェア開発を依頼しようとしても、それを引き受けてくれる開発者がどこにもいないということになってしまうのではないか？ そんな懸念を筆者は今、強く抱いています。

COLUMN 2　GDP 伸び率で最下位の日本

　金融の安定と国際通貨協力を促す経済政策の支援を目的とする国際機関である IMF（International Monetary Fund：国際通貨基金）が、加盟する約 190 ヶ国の GDP（gross domestic product：国内総生産）を継続的に集計・発表しています [19]。GDP は、集計期間内に国内で生じた付加価値（利益）の総額を表す指標で、国内でなされた経済活動の規模を表す目安として使われています。そしてその変化を追いかけることで、その国の経済が成長しているのか、停滞しているのかがわかります。GDP が増えている国は、経済的に成長していると考えられます。

　GDP のデータを実際に見てみましょう。左の図は IMF の加盟国のうち、OECD（Organisation for Economic Co-operation and Development：経済協力開発機構）にも加盟する約 40 ヵ国の GDP 推移を示すグラフです。ただし 1990 年よりも後に加盟した国のデータを除外しました。なお 2024 年以降の数字は予想です。

　このグラフでは、日本のデータを青い線で表してあります。これを見ると、2024 年（執筆現在）において日本は世界 4 位の経済大国であることがわかります。「これは立派な数字だ、これなら安心だ」と考えてもよさそうです。しかし本当にそのように楽観していてもよいものでしょうか？

　グラフを見ると、ほとんどすべての国で GDP が加速度的に伸びていることがわかります。GDP そのものだけでなく、その上昇率も増えているということです。これは経済が発展すると、優れた道具や仕組みが生み出され、その結果として仕事がさらにはかどるようになるからです。ところがわが国の GDP 推移には、そのような加速度的な伸びが見られません。上昇率はむしろ低下していることがわかります。

　OECD の加盟国の中には、大きい（人口の多い）国もあれば、小さい（人口の少ない）国もあります。ですので単純に GDP の大小だけでその国の経済を評価するべきではありません。これに対しては、国民一人あたりの GDP を目安にしようという考え方 [1] もありますが、ここではわが国の GDP 推移が持つ特徴を明確にするため、1990 年の各国の GDP を基準として、それに対する変化を調べてみましょう。この方法によっても人口の影響

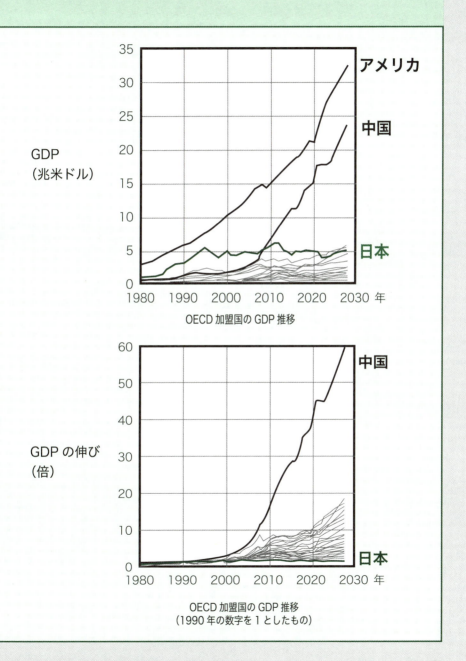

を排除することができます。そうすると右の図のようなグラフができます。
　これはショッキングな事実を示しています。GDP の伸び率だけで見ると、日本は 1990 年から最も成長していない国であると言えるのです。ここで基準にした 1990 年というのは、日本の製造業が戦後復興以来のピークを迎え、コンピュータシステムの世界的な普及の波が押し寄せてきた時期です。グラフをよく見ると、1995 年までは日本の GDP も加速度的に伸びていた、つまり上昇率も年々増えていたことがわかります。しかし 1995 年を境にして、その状況は大きく変わってしまいました。
　経済活動の規模を表す尺度としての GDP には、いろいろな問題点が指摘されています。GDP は国民の幸福度や満足度を表していないという指摘もあります。ですから筆者自身は、GDP 伸び率が最下位であったとしても、必ずしも悲観的になる必要はないと考えています。しかし経済的な豊かさと GDP の間に密接な関係があることも確かです。多くの人が長時間働いているのに GDP が伸びないというのは、一生懸命働いた仕事が空回りしている、無駄になっているということです。ここで然るべき対策を打たないと、1995 年からの「失われた 30 年」が「失われた 40 年」になることは避けられないでしょう。私たちはもっと、能率よく働くことに貪欲にならなければいけないように思います。

第5章

やってしまいがちなこの行為が失敗を招く

　第2～4章で、ソフトウェア発注で失敗が発生するメカニズムについて必要な基礎知識を解説してきました。これを踏まえ、本章～第7章では、ソフトウェア発注の失敗を避ける方法を具体的に記していきます。

　本章では、やってはいけない「失敗誘発行為」をリストアップします。筆者自身もこうした行為をよく経験したり見聞きしたりしますが、これらはプロジェクト失敗への入口であると考えなければなりません。なぜその行為がよくないのか、どうすることが正しいのかを確認しておきましょう。

1 失敗誘発行為とそのパターン

ソフトウェア開発プロジェクトを失敗に陥れる行為のことを「失敗誘発行為」と呼びます。どのような行為がタブーなのか、リストアップ・分類してみましょう。

　筆者は、これまで主に開発者の立場で、そしてときには発注者の立場で、数多くのソフトウェア発注プロジェクトに関与してきました。その中にはうまく成功したプロジェクトもあれば、失敗してしまったこともありました。プロジェクトが失敗に終わるたび、筆者は当事者としてその原因を分析してきました。

　また筆者は、ものづくり現場の顧客が手がけるソフトウェア発注の取組みを傍観する機会を多く得てきました。ものづくり現場からのソフトウェア発注が非常に高い割合で失敗することは第1章-1で述べたとおりです。顧客から一部始終を聞かせてもらい、そうした失敗の原因が見えてくることがありました。

　こうした経験を重ねるうちにわかってきたことがあります。それは、発注者が知らずにやってしまうある種の行為が、ソフトウェア開発プロジェクトを失敗させる大きな原因になっているということです。プロジェクトを失敗に陥れるそれらの行為のことを、本書では「失敗誘発行為」と呼ぶことにします。

　交通事故を防ぐために交通ルールが禁止行為を定めているのと同じように、ソフトウェア開発プロジェクトの失敗を避けるには、どのような行為が失敗誘発行為であるのかを知り、意識してそれを避けなければなりません。そこで本章では、筆者の思いつく限りの失敗誘発行為をリストアップするとともに、それぞれの行為について何がいけないのか、どうすればよかったのかをまとめました。失敗誘発行為にはたくさんの種類があるので、なるべく書き漏らさないよう、いくつかのパターンに分類することから始めました。こうしてでき上がったのが図表5-1です。リストアップされた失敗誘発行為は6パターンに分類され、全部で24

●図表 5-1　失敗誘発行為のパターン分類とリストアップ

分　類	NG 行為	参照
使ってはいけない情報を参考にする	分野違いの情報を参考にする	2
	時代遅れの情報を参考にする	
	他のプロジェクトと比較する	
開発者にしかわからないことに干渉する	発注者だけで仕様書を作る	3
	主導と指示を混同する	
	早すぎる時期に見積もりを要求する	
	使用する技術や手法を限定する	
	プロジェクトの進め方を限定する	
	打ち合わせを過度に要求する	
受け取っても役に立たないものを求める	著作権や独占販売権を要求する	4
	ソースコードや内部仕様書を要求する	
	自分でも作れるのに、取扱説明書を作らせる	
ソフトウェア開発の性質を理解しない	期限までに確実に完成することを当てにする	5
	完璧なものができ上がることを当てにする	
	一度だけの発注で完結させようとする	
	ソフトウェアを育てていく意識を持たない	
開発内容に合わない発注先を選ぶ	会社の規模だけで発注先を選ぶ	6
	過去の付き合いだけで発注先を選ぶ	
	見積もり金額だけで発注先を選ぶ	
	得意分野の異なる開発者に発注する	
開発者との信頼関係を大事にしない	開発者とのコミュニケーションを軽視する	7
	コミュニケーションを軽視する開発者を選ぶ	
	開発者のモチベーションを下げる	
	自分と開発者の間に線を引く	

項目ありました。以下では、それぞれの失敗誘発行為について、パターンごとに分けて1つずつ詳しく解説していきます。

2 使ってはいけない情報を参考にする

> ソフトウェアを発注する際、最初にやるべきことは仕様書作成だと思っていませんか？ それとも要件定義でしょうか？ 実はその前にやるべきことがあります。

　ものづくり現場からのソフトウェア発注には特有の難しさがあります。またオブジェクト指向プログラミングが普及したことで、ソフトウェア開発は大きく変わりました。そうした事情を考慮せず、手もとにある情報だけを参考にして発注実務を進めるのはたいへん危険な行為です。手もとにある情報が、開発内容に照らして参考にしてもいいのか、よく確認することが大事です。自分で判断ができない場合には、開発者に相談してください。

■分野違いの情報を参考にする

	分野違いの情報を参考にする
失敗誘発行為	異なる分野に向けたソフトウェア発注の指南書に書かれている内容を、ものづくり現場からのソフトウェア発注にそのまま応用する。たとえば、人事システムや経理システムの発注について解説している指南書に書かれている内容を、機械制御や自動検査を目的とするソフトウェアの発注に応用しようとする
よくない理由	ソフトウェアには非常に多くの種類があり、種類が違うと作成方法も発注方法も大きく異なる。人事システムや経理システムはやるべきことが基本的にほぼ同じであり、データの内容とユーザインタフェース（画面デザインや操作方法）が異なる程度しか違いがないので、ウォーターフォール方式で開発を進めてもうまくいく。しかし機械制御や自動検査のソフトウェアでは、対象となる装置や製品の性質がプロジェクトごとにまったく異なり、最適な制御方法や

よくない理由	検査方法もただ1つではないので、多くの場合に試行錯誤が必要になる。ウォーターフォール方式での開発では試行錯誤ができないので、契約のやり方から変えなければならない。人事システムや経理システムの発注について書かれた指南書の内容を鵜呑みにしないようにする
正しい方法	ものづくり現場からのソフトウェア発注であれば、ものづくり現場からのソフトウェア発注に特化した情報を参考にしなければならない。しかし、手元にある情報が分野違いであるかどうか、どこまで通用するかを発注者自身が判断することは必ずしも簡単ではない。開発者に相談して判断してもらおう

参照→第2章-2、第3章-2、第3章-2、第4章-1

■時代遅れの情報を参考にする

	時代遅れの情報を参考にする
失敗誘発行為	40年も前に作られた社内マニュアルに盲目的に従う。古いマニュアルに書かれている「最初にプログラムの行数を見積もれ」「フローチャートを書いて見積もりを取れ」などといった方法を最良と信じて疑わず、書かれているとおりに進めようとする
よくない理由	オブジェクト指向プログラミングが普及する前と後では、ソフトウェア開発の方法は大きく変わっている。プログラムの行数を見積もったり、フローチャートでプログラムの動作を定義したりするのは、オブジェクト指向開発が一般的になった今日、とても古臭い、非能率的な方法になってしまった。オブジェクト指向開発ではプログラムの再利用性が大きく高まっており、ソフトウェア開発会社の事情(たとえば、所属する開発者の専門分野、過去の開発経験など)によってもプロジェクトの進め方が大きく変わってくるので、こういった項目は見積もり金額を概算する材料にはならない。オブジェクト(プログラムの部品)の内部的な動

よくない理由	作をフローチャートに書くことは簡単ではなく、プログラムの行数や開発にかかる作業量を見積もることも一般には不可能である
正しい方法	近代的なプログラミング方法を前提に書かれた情報、少なくともオブジェクト指向プログラミングの普及後に書かれた情報を参考にしなければならない。しかし、持っている情報が古いものであるかどうかを発注者自身が判断することは必ずしも簡単ではない。開発者に相談して判断してもらおう

参照→第3章-1、第3章-2

■他のプロジェクトと比較する

	他のプロジェクトと比較する
失敗誘発行為	職場の先輩が過去に行ったソフトウェア発注の経験から費用や納期を見積もる。ソフトウェア開発者に払われる人件費をインターネットで調べ、その相場を引き合いに出して発注金額を交渉する
よくない理由	ソフトウェアにはとても多くの種類があり、とくにものづくり現場で使われるソフトウェアは「同じものは2つとない」と言い切ることができるほど多種多様である。「機械制御ソフトウェア」「外観検査ソフトウェア」などといった大雑把な分類では、そのソフトウェアがどのようなものなのかまったくわからない。もし職場の先輩が発注するソフトウェアと同じものを発注した経験があれば、そのアドバイスは多少はヒントになる。しかし、それが10年も前のことだとしたら、やはり今回作るべきソフトウェアはまったく別のものになる。そもそも同じソフトウェアであれば、新規で作る必要はない。また、ソフトウェア開発費用の相場を調べるなども無意味な行為である。駆け出しの開発者でも簡単に作れるものもあれば、ベテラン開発者が頭を抱えるようなソフトウェアもあるからである

正しい方法	ソフトウェア開発プロジェクトの費用や納期について交渉する際、他のプロジェクトの費用や納期を引き合いに出しても役に立たない。発注者にできるのは、開発者との信頼関係をしっかり築くことと、費用や納期の希望を開発者に伝えてしっかり交渉することだけであると心得よう

参照→第 2 章 -3、第 4 章 -1

3 開発者にしかわからないことに干渉する

AIの可能性が注目されています。AIを使えば何でもできそうです。それでも開発者に「AIを使って」と指示してはいけません。それはどうしてでしょうか？

　ソフトウェア開発プロジェクトに影響を与える要因はたくさんあり、それらの中には開発者にしか把握できないものも含まれています。たとえば、開発者の得意とする技術分野、開発者のこれまでの開発経験、開発者が保有する知識や技術、開発者が作りためてきたソフトウェアといったものです。開発者はそうした要因をすべて見据えた上で、最良と考えられるソフトウェアの仕様やプロジェクトの進め方を決めています。開発者の判断の裏に、発注者には見えない要因があることを知っておきましょう。

■発注者だけで仕様書をつくる

	発注者だけで仕様書をつくる
失敗誘発行為	ソフトウェア開発者と相談せずに仕様書を書き、それをもとに発注しようとする。ソフトウェア発注の指南書に例示されている「仕様書」や「要件定義書」の形式だけをまねた書類を作って発注仕様書とする
よくない理由	ソフトウェアの最適な仕様を決めるには、ソフトウェア開発に関する一般的な知識だけでなく、開発者にしかわからない個別の事情も考慮する必要があり、仕様書を発注者だけで書くべきではない。わずかな仕様変更をするだけで開発者の作業量は激減し、大きく納期・費用に影響することもよくある。たとえば、開発者が直前にたまたま同じようなソフトウェアを作っていたならば、その部品を転用しやすいような仕様に決めるのが望ましい。しかし開発者側の内情を知らない発注者だけでは、そうした合理的な判断を

よくない理由	することができない。その結果、ほとんど同じソフトウェアであるのに、一から作らなければならなくなることもある。仕様を決める際には、開発者の判断もしっかり採り入れるべきである
正しい方法	仕様書を書く代わりに、解決したい課題と満たすべき制約だけを詳細に記した「課題書」を書き、開発者と相談しよう。仕様書そのそのは開発者に書いてもらい、発注者はそのための材料提供と、最終的な承認だけを行うようにする。仕様書を書いてもらう過程で開発者から来る質問には都度適切に回答し、仕様書の作成がスムーズに進むように協力しよう

参照→第 2 章 -2、第 2 章 -3、第 3 章 -1、第 3 章 -2、第 4 章 -1

■主導と指示を混同する

	主導と指示を混同する
失敗誘発行為	プロジェクトの進め方や作るべきソフトウェアの仕様を開発者に細かく指示する。1 週間ごとなど、短い周期でプロジェクトの進捗状況を報告させる
よくない理由	ものづくり現場から発注するソフトウェアは、発注者の目的や環境に特化したものになりがちである。そのため一般的に使われる汎用システムや基幹システムに比べると、開発者が主導しなければならないことが多く、発注者にも「目的や環境をよく理解している自分がプロジェクトを主導（リード）しなくては」という意識が強くなりがちである。しかし、主導するとは「すべてを細かく指示する」「すべてをしっかり監視する」といったことではなく、開発者に判断を任せるべきところは任せ、そのために必要な情報を不足なく提供することが重要である。ソフトウェア開発については、その道のプロである開発者の方が、発注者よりもずっと多くのノウハウやスキルを持っている。そこに干渉すると、結果的にプロジェクトのスムーズな進行を妨

よくない理由	げ、最悪の場合には開発者との信頼関係まで壊してしまうことになりかねない
正しい方法	解決したい課題と、満たすべき制約だけをソフトウェア開発者に伝え、プロジェクトの進め方は自由に任せよう。開発者からの質問や依頼にはテンポよく的確に対応しよう。「君臨すれども統治せず」という言葉もある。開発者を待たせたり迷わせたりしないことこそ、プロジェクトを主導するということであると心得よう

参照→第2章-2、第2章-3、第3章-1、第3章-2、第3章-3、第4章-1

■早すぎる時期に見積もりを要求する

	早すぎる時期に見積もりを要求する
失敗誘発行為	ソフトウェア開発会社への初回の連絡メールで正式見積もりを依頼する。作るべきソフトウェアの仕様がある程度固まる前や、お互いの人柄が相手に伝わる前に正式見積もりを要求する
よくない理由	ものづくり現場からのソフトウェア発注では不確実な要因が多いため、プロジェクトがある程度進むまで開発内容の全体がわからず、詳細な仕様が決まらないのが普通である。また、ソフトウェア仕様だけでなく、発注者と開発者のコミュニケーションがスムーズになされるかどうかによっても、かかる負担は大きく変わってくる。開発内容が固まる前や、発注者のコミュニケーション力が明らかになる前に見積もりを出さなければならない場合、開発者はどうしても大きな保険をかけておかざるを得ない。その結果、本来よりもかなり長い納期、かなり高い金額の見積もりが提示されることになる
正しい方法	正式な見積もりを依頼するタイミングを、できるだけ後回しにしよう。正式見積もりの代わりに概算見積もりで済ませることも考えよう。仕様が決まるまでに時間がかかりそうな場合には、多フェーズ方式やアジャイル方式で開発を

正しい方法	進めたり、月決めのコンサルテーションを先行させてその中で仕様を決めよう。どのような進め方がよいのか、ソフトウェア開発者と相談して決めることをお勧めする。また社内での認識合わせをしっかり行い、「正式見積もりを早い時期に取るのは損になる」という認識を関係者全員で共有しておこう

参照→第3章-2、第4章-1、第6章-3

■使用する技術や手法を限定する

	使用する技術や手法を限定する
失敗誘発行為	「OpenCV（画像処理用のオープンソースソフトウェアの1つ）を使って」「AI（artificial intelligence）を利用して」などと、ソフトウェアの実装に使う技術や手法を指定する。「Java（プログラミング言語の1つ）で書いて」などと、使用するプログラミング言語を指定する。画面デザインを図解したとおりに作るよう求めたり、操作方法を細かく指定したりする
よくない理由	まったくの善意から「これを使うといいよ」とソフトウェア開発者にアドバイスする発注者をよく見かける。しかしほとんどの場合、そのようなアドバイスが開発者の役に立つことはない。OpenCVやJavaといった選択肢は、発注者からアドバイスを受ける前から開発者の視野に入っており、いろいろな理由で選ばれなかったものだからである。開発者は多くの思考材料に基づいて使用する技術や手法を判断している。開発者しか知らない思考材料も多いので、ときには発注者と開発者の判断に違いが生じることもあるが、たいていは開発者の方が的確な判断を下すことができる。にもかかわらず、発注者の考える「最良の方法」を開発者に押しつけると、開発者の「最良の方法」を選択肢から外さざるを得なくなり、それは結果的に納期の遅延や費用の超過につながる

正しい方法	何らかの理由があってどうしても OpenCV や Java を採用したいのならば、それは「仕様書」ではなく「課題書」に書こう。それらを採用したい理由と合わせて開発者に伝え、OpenCV や Java の採用を前提にした仕様を考えてもらう必要がある。画面デザインや操作方法についても同様である。開発者の自由な采配を奪うほど、ソフトウェアを開発する負担が重くなり、プロジェクトが失敗しやすくなる。あいまいな理由しかないこだわりは避けよう

参照→第 2 章 -2、第 2 章 -3、第 4 章 -1

■プロジェクトの進め方を限定する

	プロジェクトの進め方を限定する
失敗誘発行為	開発者が求めてもいないのに情報やデータを送りつけ、それらに対する評価を行わせる。それぞれの部分から順番に完成させていこうとする開発者の進め方に逆らい、ソフトウェアの全体的な姿を早く見せるように求める
よくない理由	プロジェクトの進め方を開発者に要望する発注者をよく見かける。そうした発注者はたいてい「その方がプロジェクトのためになる」と思っているが、そうした判断のほとんどは裏目に、しかも壊滅的に裏目に出る。その理由は明確で、プロジェクトの進め方については、開発者の方が発注者よりもずっと正確な判断を下すことができるからである。開発者は非常に多くの思考材料を持っており、それに基づいてプロジェクトの進め方を決めている。開発者よりも発注者の判断が正しいということは考えにくい。発注者の思いつきで別の進め方を押しつけると、悪影響は計りしれず、結果的にプロジェクトが破綻に追い込まれることも多い
正しい方法	プロジェクトの進め方については、開発者から提案された方法をできる限り受け入れよう。何らかの都合で開発者の推奨する進め方ができない場合、それだけプロジェクトの

正しい方法	破綻するリスクが高まる。推奨された進め方を不可能にしている理由を分析し、何か譲歩できることがないか模索する必要がある。多くの場合、決裁者との認識合わせが有効な方法になると知っておこう

参照→第2章-2、第2章-3、第3章-1、第3章-2、第3章-3、第4章-1

■打ち合わせを過度に要求する

	打ち合わせを過度に要求する
失敗誘発行為	開発者とのやり取りをなるべく打ち合わせでやろうと考える。開発者から提案されていないのに、自社への来訪や現場の視察を求める
よくない理由	メールでのやり取りに比べ、打ち合わせには費用がかかるという短所がある。対面の打ち合わせであれば交通費や宿泊費がかかり、リモートならば直接的な費用はかからなくても、打ち合わせる時間は費用になる。また、打ち合わせにはもう1つ短所がある。それは正確な議論を積み上げていくような情報交換に適していないということである。じっくり考えてから言葉を返すことができず、どうしても思考の浅いやり取りになってしまう。しかし、対面での打ち合わせは、ホワイトボードやプロジェクタなどを使って具体的なイメージを共有することができる、双方向・リアルタイムのやり取りがしやすい、その場で討論内容を議事録にまとめることができるといった大きな長所もある。こうした長所を考えると、対面での打ち合わせの方がリモートよりも費用対効果は高いと言える
正しい方法	情報交換の手段としてのメール・打ち合わせにそれぞれ長所と短所があることを理解し、うまく使い分けよう。発注前のやり取りをしたり、正確な議論を積み上げるにはメール、アイデアを出し合ったり妥協点を探ったりするには打ち合わせが適している。プレエンジニアリングの段階では、リモートであっても打ち合わせはなるべく避けよう。開

正しい方法	発者が受注確率を低く見ている場合、その費用が見積もり金額に倍加されて上乗せされてしまうからである。どうしても打ち合わせが必要な場合は、リモートではなく対面で行った方が費用対効果の面で有利である。いずれにしても、打ち合わせは開発者にとって大きな負担になることを知っておこう

参照→第6章-1、第6章-2

4 受け取っても役に立たないものを求める

ソフトウェアを納品してもらう際、ソースコードや取扱説明書をつけてもらうのが当たり前だと思っていませんか? それらはおそらくムダな買い物になります。

　受け取っても使いこなせない、役に立たないものを納品項目に含むソフトウェア発注をよく見かけます。余計なものを買えば、それだけ費用は高くなり、納期も遅くなります。ソースコードなど、かつては実際に役に立っていても、近代的なソフトウェアの発注ではほとんど役に立たなくなってしまったというものもあります。慣例や前例にとらわれず、余計な買い物をしていないかどうか、最新の感覚でチェックすることが大事です。

■著作権や独占販売権を要求する

	著作権や独占販売権を要求する
失敗誘発行為	発注したソフトウェアに対して著作権を主張したり、そのソフトウェアを第三者に販売することを開発者に禁止したりする
よくない理由	ソフトウェアの著作権は法的にはその開発者に帰属し、これは発注者が開発を委託した場合でも変わらない。そのため発注者は、発注契約などで明示的に著作権の譲渡を受けない限り、そのソフトウェアの著作権を行使したり、開発者が著作権を行使することを禁止したりすることができない。たとえば発注者が開発者の許可を得ず、そのソフトウェアを第三者に配布すれば複製権(著作権を構成する権利の1つ)の侵害になるし、そのソフトウェアを改変すれば改変権(著作権を構成する権利の1つ)の侵害になる。このような強力な権利である著作権を発注者に譲渡するのは、開発者にとっては大きな負担やリスクになるので、そ

よくない理由	れは一般に高い買い物になる。また、発注者にとっては、こうした権利を受け取っても大した財産にはならない。発注者自身がそのソフトウェアを第三者に販売（転売）でもしない限り、その著作権が利益を生むことはまずないからである
正しい方法	著作権を譲渡してもらう必要性が本当にあるのかどうか、よく検討する。著作権を活用する具体的な方法が決まっていなければ、納品項目から著作権を外そう。不要なものを買わなければ、その分だけ確実に費用は安くなり、開発者にムリを強いることがなくなるので、互いの信頼関係の向上にもつながる

参照→第3章-2

■ソースコードや内部仕様書を要求する

	ソースコードや内部仕様書を要求する
失敗誘発行為	発注したソフトウェアのソースコードを提出するよう要求する。そのソースコードを読み解く助けになる説明資料を作らせる
よくない理由	ソフトウェア開発を発注しただけでは、そのソースコードを開発者が発注者に提供するべき義務は法的には発生しない。ソースコードの提供は、あくまでオプションである。開発者はソースコードの開示に大きな抵抗感を持っている。その技術がライバルの手に渡るリスクを抱えることになるからである。そのためソースコードの提供を受けようとすると、それは一般に高い買い物になる。しかし発注者がソースコードを受け取っても、それは大した財産にならない。ソースコードには一見価値があるように見えても、実は持っているだけではまったく役に立たない。ソースコードを活用しようとすると、その構造を分析して内容を理解する必要があるが、プログラム1本あたりのソースコードの行数は非常に増えており、また第三者の作成した

よくない理由	プログラム部品の機能を使っている部分も多いので、開発者の協力を得ずにソースコードを独力で読み解くことはほぼ不可能である。今のソースコードは、その開発者以外の人が簡単に理解したり改変したりことができるようなものではないということを知っておく必要がある
正しい方法	ソースコードを受け取る必要性は本当にあるか？　「小さな変更を、いちいち発注せずに社内で行いたい」という希望があるのなら、ソフトウェア開発のスキルを持つ人材を社内に確保した上、開発者と継続的なサポート契約を結び、そのソフトウェアに関する技術をじっくり確実に引き継いでいくしかないのだが、そのような取組みを始める覚悟はあるか？　覚悟がないのなら、ソースコードは納品項目から外そう。不要なものを買わなければ費用は安くなるし、また開発者に無理を強いることがなくなって、互いの信頼関係も向上する

参照→第2章-1、第2章-2、第3章-1

■自分でも作れるのに、取扱説明書を作らせる

	自分でも作れるのに、取扱説明書を作らせる
失敗誘発行為	発注したソフトウェアの使い方をすでに知っているにもかかわらず、取扱説明書を作らせる。資産管理上の形式的な手続きのためだけに取扱説明書を作らせる
よくない理由	ソフトウェアの説明書を作るのは意外と手間がかかるものである。とくに、ものづくり現場のユーザの中には、パソコンの基本的な操作に不慣れな人もおり、1つひとつの手順を詳しく書かなければならない。開発者に説明書を書かせると、その分だけ確実に費用がかさむ。確かに取扱説明書が必要になることはあるが、機能が限られて操作が簡単なソフトウェアは、たいてい説明書がなくても使いこなすことができる。また発注者がそれまでに試作プログラムを動かしていて、使い方をよく知っていることもある。もの

よくない理由	づくりの現場では、実際に使うユーザのために、取扱説明書とは別に簡略化した手順書を作ることがあり、その場合には二重作業になる。取扱説明書が本当に必要なのかについては一考する余地がある。取扱説明書を書く手間は、1本しか売れなくても1万本売れても変わらない。ユーザが1人だけであるようなソフトウェアの場合、困りごとが起きるたびに開発者に連絡して、その都度解決方法を教えてもらうようにしても、開発者にとっては取扱説明書を書くほどの手間はかからない
正しい方法	1本だけで使われる特殊なソフトウェアのために取扱説明書を作らせるのは、贅沢なことだと認識しよう。公式な説明書がないと本当にユーザは困ってしまうのか、その都度開発者に教えてもらうのではだめか、もう一度考えよう。取扱説明書がなくても何とかなりそうならば、ひとまず納品項目から取扱説明書を外そう。使い方がわからずに困り果てるユーザが続出したら、その時点で取扱説明書を追加発注してもよい。不要なものを買わないことで費用は安くなり、また開発者にも喜ばれると知っておこう

参照→第2章-3、第3章-1、第3章-2

5 ソフトウェア開発の性質を理解しない

買った製品に傷がついていたら交換させたくなります。購入品の納期が遅れたら文句を言いたくなります。そうした感覚は、ソフトウェア発注では捨てるべきです。

ソフトウェア開発は属人的な仕事であり、手がけた開発者によるばらつきや、創作活動に特有の偶発性は常に生じます。またソフトウェアへのバグの混入は予測ができず、不具合の原因となったバグを見つけるのには非常に手間がかかります。ソフトウェア開発にかかる作業量は予測ができません。

また、いったん完成したソフトウェアでも、より良い作り方や追加したい機能を思い付けば、即座に未完成に変わってしまいます。ソフトウェアとは永遠に完成しないものなのです。

■期限までに確実に完成することを当てにする

	期限までに確実に完成することを当てにする
失敗誘発行為	納品が予定日に遅れることを断固として許さない。遅れた場合の責任が開発者にあるものと決め付け、罰則を設けたり補償を求めたりする
よくない理由	ソフトウェア開発という仕事は多分に偶然性を持っており、多様な原因で工程の遅れが発生する。工程の遅れを防ぐ方法もいろいろあるが、それらを駆使しても納品が遅れる確率を完全に0％にすることはできない。少しの遅れも許されないとなると、開発者は予備の体制を確保したり、デバッグ期間を長めに確保したりといった「保険」をかけなければならず、その分だけ期間や費用が余計にかかることになる。絶対に納期を守らなければならない場合もあるが、たいていの場合には多少の遅れに対する備えを用意しておく方がずっと低コストですむ。納品時点で不具合が

よくない理由	残っていたり、期待した性能が達成されていなかったりすることはよくある。また、開発者の身に不測の事態が起きることもある。あらゆることを考え、余裕のある開発計画を立てておきたいものである
正しい方法	納品が遅れた場合の損失を定量的に評価する。遅れによる損失が大きいと予想されるのであれば、予備の人員を確保するなどの対策を打たなければならないが、それには追加の費用がかかる。費用をかける価値があるかどうかを判断するためにも、損失を定量的に評価しておこう。またそれと合わせ、納品が遅れても損失が発生しないようにするリスク回避策を用意することができないかどうかも検討しよう。優れたソフトウェアを完成させるには、時間的な余裕も必要と心得よう

参照→第2章-2、第3章-2、第4章-1

■完璧なものができ上がることを当てにする

完璧なものができ上がることを当てにする	
失敗誘発行為	納品時点での不完全性をまったく許さない。納品時に不具合がまったく発生しないこと、期待された性能が得られていることを開発者に約束・保証させる
よくない理由	ソフトウェア開発という仕事が持っている偶然性は、工程の遅れだけでなく、ソフトウェアの品質に影響を及ぼすことがある。ソフトウェアに生じた不完全性を発注者は開発者の力量不足や怠慢のせいにしがちだが、開発者はソフトウェアからバグを完全に除いたり、所定の性能が確実に得られるようにしたりすることの難しさを知っている。多くの開発者は、ソフトウェアに完全性を与えようとすると膨大な労力が必要になり、それにかかる費用が跳ね上がることを知っている。問題がない程度の不完全性を許容することで、発注者に対して現実的な提案を行っている。むやみに高い完全性を要求する行為は、この完全性と現実性のバ

よくない理由	ランスを狂わせることにつながる。開発者に特殊な方法でのソフトウェア開発を強いることになり、それは費用と納期の両面に悪影響を与えてしまう
正しい方法	むやみに高い確実性を要求をしない。使い物にならないほど頻繁に不具合が発生したり、性能が低かったりするのであれば別であるが、そうでなければ納品後に直してもらうことも視野に入れ、柔軟に対応する。その判断に役立つのが、不完全性によって発生する損失の定量的な評価である。限られた労力を完全性を追求するために使うのがいいか、それとも使い勝手を高めたり、便利な機能を追加したりするのに使うのがいいか、そうした考え方を開発者とよく共有しておく。不完全性があっても損失が発生しないようにするリスク回避策も検討しておこう

参照→第2章-2、第3章-2、第4章-1

■一度だけの発注で完結させようとする

一度だけの発注で完結させようとする

失敗誘発行為	不確実な要因を含むソフトウェアを開発するにもかかわらず、1回だけの発注でプロジェクトを完結させようとする。ウォーターフォール方式を前提に稟議を通して、多フェーズ方式やアジャイル方式に移行することができない状況を作る
よくない理由	ものづくり現場から発注されるソフトウェアは、ほとんどの場合仕様決めにあたって事前の検討や試行錯誤が必要になるような不確実要因を含んでいる。発注時には開発するソフトウェアの仕様が厳密に決まっていなければならないが、こうしたソフトウェアでは発注前に仕様を決めることができない。つまり、1回だけの発注でプロジェクトを完結させることは原理的に不可能であり、ムリに押し通すと費用が跳ね上がったり、プロジェクトが失敗するリスクを抱え込んだりしてしまう。多フェーズ方式・アジャイル方

よくない理由	式など、新しいソフトウェア開発の進め方では、発注を複数に分けることによってこうした問題を避けている
正しい方法	不確実な要因を含むソフトウェアを開発するのであれば、最初に不確実な要因をリストアップするべきである。それを開発者と共有し、最良と考えられる進め方を決めていく。多フェーズ方式・アジャイル方式などの分割発注では、先に行う発注の結果によって後に行う発注の内容が変わるので、予算は確保しにくいかもしれない。しかし平均的には費用が抑えられ、失敗リスクも避けられる。分割発注がもたらす大きなメリットを、決裁者がしっかり理解していることはとても大事である。しっかり認識合わせをしておこう

参照→第2章-2、第3章-2、第4章-1

■ソフトウェアを育てていく意識を持たない

	ソフトウェアを育てていく意識を持たない
失敗誘発行為	ソフトウェアが納品されたら開発プロジェクトは終結するものと考え、納品後のことを検討しない
よくない理由	ソフトウェアの価値は納品時までに決まるものではない。そのソフトウェアが使われ始めてから、まったく使われなくなるまでの長い期間を通して評価する必要がある。「健康で美しいソフトウェア」であれば、ちょっとした機能の追加・改良をしたり、他の動作環境に対応させたり、新たに見つかった不具合に対策したりすることが簡単にでき、そのソフトウェアを使い続けることのできる期間を延長させてくれる。しかし、ソフトウェアの作りがよくないと、納品から何年か経って開発者の記憶が薄れてしまった時点で、そうした取組みはほぼ不可能になってしまう。場合によっては、そのソフトウェアを捨てて一から作り直さなければならなくなる。ソフトウェアに完成はなく、育てていくものと認識する。育てやすく作られたソフトウェアは、

よくない理由	発注金額に表れない何倍もの価値を持っており、高い費用対効果を生み出すことができる
正しい方法	納品後にもソフトウェアを育てていくことを視野に入れた開発計画を立て、発注先を選定する際にもそのことを考慮する。納品後にも継続的にソフトウェアを育てていく計画に理解を示し、それに対する具体的な提案や、それに応えることができる根拠を示した開発者を発注先に選ぼう

参照→第2章-3、第3章-2、第3章-3、第4章-1

6 開発内容に合わない発注先を選ぶ

販売管理システムを作ってくれた開発会社に、機械制御や自動検査のソフトウェアを発注しようとしたりしていませんか？ それはベストな選択ではないはずです。

　ソフトウェア開発プロジェクトの成功は、発注先となる開発者の選択にかかっていると言っても過言ではありません。とくにものづくり現場から発注されるソフトウェア開発では、必要な技術分野が多岐にわたり、開発者ごとの技術力や専門性がプロジェクトの成否を左右します。そのソフトウェア開発を頼むのにもっともふさわしい開発者を、プロジェクトごとに選ぶことが大事です。

■会社の規模だけで発注先を選ぶ

	会社の規模だけで発注先を選ぶ
失敗誘発行為	「大きい会社だから」「知名度がある会社だから」という理由だけで発注先を決める
よくない理由	ものづくり現場で使われるソフトウェアは多種多様で、それを開発するには幅広い要素技術を扱わなければならない。そうした要素技術を使いこなすことができる開発者はソフトウェアごとに異なり、人数も少なくなる。大きなシステム開発会社であっても社員の個人的な資質に頼っていることが多く、今回作ろうとするソフトウェアを開発できる能力を持つ人材が在籍している保証はない。大きな会社にはベテラン開発者が在籍している可能性も高いが、その開発者がプロジェクトに関与してくれるかどうかは別の問題である。ベテラン開発者は、システム開発会社の社内でも引っ張りだこだからである。頼るべき開発者はプロジェクトごとに選ばなければならず、選ばれた開発者がその会社に所属しているとは限らない。むしろ小さい会社や個人

よくない理由	の方が、低料金で機敏・親身な対応をしてくれる可能性もある
正しい方法	会社の規模はいったん脇に置いておこう。発注先の会社を決める前に開発担当者とやり取りする機会を作り、その中で担当者の技術力や開発経験を見極めよう。開発担当者と直接やり取りすることができればベストであるが、直接のやり取りが難しければ、営業担当者を介した間接的なやり取りでもよい。開発内容について、どのような要素技術が必要になると考えているのかを聞き出し、それぞれの要素技術を使いこなす能力を相手が持っているかどうかを確かめるようなやり取りを心掛けよう

参照→第2章-3、第4章-1、第6章-3

■過去の付き合いだけで発注先を選ぶ

過去の付き合いだけで発注先を選ぶ

失敗誘発行為	「過去に付き合いがあったから」「知人から紹介されたから」という理由だけで発注先を決める
よくない理由	ものづくり現場で使われるソフトウェアを開発するには幅広い要素技術を扱う必要があり、そうした能力を持つ開発者は非常に限られている。そこで、開発者を決める際には、今回の開発プロジェクトが求める要素技術を使いこなす能力を持っているかどうかを基準にしなければならない。これまで開発を任せてきた既存のソフトウェアに小さな変更を施すといったプロジェクトならともかく、まったく新しいソフトウェアを開発するのであれば、過去の付き合いではなく技術力を尺度として客観的に発注先を比較・検討すべきである。確かに以前から付き合っている開発者には親近感もあり、コミュニケーションも取りやすい。しかし、親近感とその技術分野を得意としているかどうかはまったく別の評価基準である。そしてプロジェクトの成否を決めるのは、言うまでもなく「得意としているかどうか」の方

よくない理由	である
正しい方法	過去の付き合いはいったん脇に置いておこう。発注先の会社を決める前に開発担当者とやり取りする機会をつくり、その中で担当者の技術力や開発経験を見極めよう。開発担当者と直接やり取りすることができればベストであるが、直接のやり取りが難しければ、営業担当者を介した間接的なやり取りでもよい。開発内容について、どのような要素技術が必要になると考えているのかを聞き出し、それぞれの要素技術を使いこなす能力を持っているかを確かめるようなやり取りを心掛けよう

参照→第2章-3、第4章-1、第6章-3

■見積もり金額だけで発注先を選ぶ

	見積もり金額だけで発注先を選ぶ
失敗誘発行為	見積もり金額が安い方が得だと考え、相見積もりの金額だけで発注先を決める
よくない理由	ソフトウェア開発とは一種の創作活動であり、発注者の知らないような知識や技術を駆使して行う専門的な仕事である。また個々の開発者がそれぞれ固有の事情を持っていることもあり、発注者は開発者がどのようにソフトウェアを開発していくのか、詳しく知ることは困難である。これはつまり、開発者にとっては「こだわり」や「手抜き」ができるということでもある。開発者は発注者の求めに応じ、見積もりは安くも高くも自由に出すことができる。予算に余裕があるのならばこだわればいいし、反対に予算が厳しいのなら手抜きをすればいいからである。見積もり金額に差があるとすれば、それは開発者が設定する利益の大小ではなく、開発者のこだわりや手抜きの程度の違いから来ている。そこで、金額だけで発注先を選ぶのは、賢い選択とはいえない。金額と合わせて、開発者がどのようにこだわろうとしているのか、どのように手を抜こうとしているの

よくない理由	かを見極めることが重要である。こだわりのあるソフトウェアは、トラブルによる追加費用が発生せず、長期にわたって使うことができ、ユーザをイライラさせて仕事の能率を下げたりはない。ソフトウェアのライフサイクル全体の価値も含めて見積もりの内容を吟味する方が得策である
正しい方法	目の前の見積もり金額だけでなく、そのソフトウェアに対する開発者のこだわりや手抜きも評価する。とくにソフトウェアの拡張性や使い勝手など、納品後に差が出てくる評価項目は見落とさないようにしよう。見積もりが高いと感じたら、それを出した開発者を門前払いするのではなく、なぜ高いのか理由を確認してその費用対効果を評価しよう。理由が納得できなければ、今回はこだわりを捨ててもらうよう依頼しよう。何も考えずに金額だけで発注先を決めると「安物買いの銭失い」を招くリスクが高まってしまう

参照→第2章-2、第2章-3、第4章-1、第6章-3

■得意分野の異なる開発者に発注する

	得意分野の異なる開発者に発注する
失敗誘発行為	ものづくり現場向けのソフトウェア開発を手がけたことのない開発者を発注先に決める。開発を依頼したい内容と、開発者の得意とする技術分野が一致しているかどうかを確認せずに発注先を決める
よくない理由	ソフトウェア開発全体にいえることだが、開発者の得意分野と今回の技術分野がマッチしていないのでは、たとえベテランの開発者であっても、駆け出しの開発者を下回る生産性しか発揮できない。ましてものづくり現場からのソフトウェア開発ではそれが顕著である。たとえばひと口に「画像処理を専門にする開発会社」といっても、人物を特定・識別する、自動車のナンバプレートを読み取る、割れている薬の錠剤を見つけ出す、バラ積みされたねじの本数を数える、弁当におかずが盛り付けられていないのを発見する、

よくない理由	陶器の焼き色を定量化するなど、得意分野はさまざまである。「画像処理」というキーワードでインターネット検索して出会った開発者が、発注者の実現したい「画像処理」を得意としているかどうかは、そう簡単にはわかるものではない。発注先を決める前に、開発者がどのような分野を得意にしているのか、やり取りの中でしっかり見極めることが大事である
正しい方法	発注先候補となっている開発者に過去の開発経験を尋ねてみよう。今回の開発内容に似たソフトウェアを過去に開発した経験があれば、発注先に選んでも比較的間違いはない。また開発者に、その技術分野に精通しているかどうかがわかるような質問をし、開発者の得意分野と今回の技術分野がマッチしているかどうかを推測するのも、開発者の専門性を見極めるのに良い方法である

参照→第2章-2、第2章-3、第4章-1

7 開発者との信頼関係を大事にしない

「人間の本性は苦しいときにわかる」と言われますが、それはソフトウェア発注でも同じことです。プロジェクトが思うように進まないときの対応で勝敗が分かれます。

　ソフトウェアというものは、その目的や用途をよく知っている発注者と、作成方法に詳しい開発者が力を合わせないと作れるものではありません。どのような状況になっても最後まで緊密な協力関係を保つことが、優れたソフトウェアを完成させるための必須条件です。発注者と開発者の両方に、信頼関係を維持するための意思・技術・努力が求められます。信頼関係さえあれば、前述のような失敗誘発行為をうっかり犯してしまう危険性も避けられます。

■開発者とのコミュニケーションを軽視する

	開発者とのコミュニケーションを軽視する
失敗誘発行為	開発者にプロジェクトの推進を丸投げにする。開発者が求めていることに応じない。理由を示さずに開発者を待たせる。開発者に不正確な情報を渡したり、誤解しやすい形で情報を伝える
よくない理由	1つのソフトウェアが完成するまでには、発注者と開発者の間で大量の情報をやり取りする必要がある。とくにソフトウェアの仕様に不確実な要因があり、ソフトウェア開発の進め方として多フェーズ方式やアジャイル方式を採用する場合にはなおさらで、メールでのやり取りの回数は数千回に及ぶこともある。コミュニケーションがぎこちないと、そうしたやり取りにムダが生じたり、不正確な情報伝達に起因するトラブルが生じてしまう。それによってプロジェクトが被る損失は、多くの人が考えているよりはるかに大きい。発注者と開発者の間でやり取りされる情報は、ソフ

よくない理由	トウェアを作るための原料である。そう考えると、ないがしろにはできない
正しい方法	不適切なコミュニケーションがソフトウェア開発プロジェクトにどれだけの損失を発生させるかを理解し、開発者との円滑なコミュニケーションを実現する方法や指針を考えて実践しよう。開発者とのコミュニケーションはプロジェクトを成功させる上で非常に重要である。6章では、メールでのコミュニケーションに役立つノウハウを紹介する。これらも参考にしてコミュニケーションのテクニックを磨いていただくと、その努力は確実にプロジェクトの成功率を高める

参照→第1章-3、第3章-2、第4章-2、第6章-1、第6章-2、第6章-3

■コミュニケーションを軽視する開発者を選ぶ

	コミュニケーションを軽視する開発者を選ぶ
失敗誘発行為	「発注者にわかりやすく伝えよう、正しく理解してもらおう」という意思を持たない開発者に発注する。やり取りされた情報を整理する習慣を持たない開発者に発注する
よくない理由	ソフトウェア開発というのは、発注者と開発者が膨大な情報を共有しないとできない仕事である。そのことを最も理解しているはずの開発者がコミュニケーションをないがしろにするということは、その開発者がソフトウェア開発という仕事そのものを理解していないか、コミュニケーションをおろそかにしてもなんとかなる平易な仕事ばかりに携わってきたことを白状しているようなものである。そのような開発者を選んでしまったら、プロジェクトの最初から最後まで苦労させられることは間違いない。コミュニケーション力が低すぎると、開発者の得意とする技術分野が開発したい内容にマッチしているかどうかを判断することすらできなくなり、技術不足でプロジェクトが失敗するリスクも高まる。発注先の選定では、開発者のコミュニケーショ

よくない理由	ン力に比重を置いて比較・検討することがきわめて重要である
正しい方法	発注前の情報共有をなるべく細かい単位で行うようにしよう。やり取りの回数を増やすことにより、発注先候補となっているソフトウェア開発者のコミュニケーション力が見極めやすくなるからである。発注前のメールのやり取りで「わかりやすく伝えよう、正しく理解してもらおう」という意思が感じられない開発者は発注先から外そう。また共有された情報を要約したり、まとめたりしようとしない開発者についても発注先から外した方が無難である

参照→第1章-3、第3章-2、第4章-2、第6章-1、第6章-2、第6章-3

■開発者のモチベーションを下げる

開発者のモチベーションを下げる	
失敗誘発行為	ソフトウェア開発者をいら立たせてしまう。開発者からのメールにすぐに返信しない、開発者の意図に添わない返事をするなどである。あからさまに他の開発者と比較したり、「代わりの開発者はいくらでもいる」といった発言をする
よくない理由	ソフトウェア開発は開発者の人的な創造性に根ざした創作活動であり、優れたソフトウェアができ上がるかどうかは、開発者のモチベーションにかかっているといって過言ではない。そのモチベーションを高められないと、有能な開発者であっても実力を発揮できない。開発プロジェクトにおける発注者とは、ベンチにいる野球監督や、舞台裏にいる映画監督のようなものであり、開発者のモチベーションを高めるのはソフトウェア発注者の役割である。自分もチームの一員であるという自覚を持ち、チームを一体化させて盛り上げる努力をする。小さな心遣いや気配りが、大きな成果となって返ってくる
正しい方法	開発者のモチベーションを下げるようなことを避け、開発者のスタイルや考え方を尊重するとよい。開発者の思考や

正しい方法	作業の妨げになるようなことをせず、開発プロジェクトに真摯に向き合い続けている姿勢を明確に示す。一度開発者を発注先に選んだら、その開発者を「世界に1人だけの開発者」と考える。他の開発者に関する話はせず、社外の開発者にも、職場の仲間と同じように丁寧に接するようにしよう

参照→第2章-2、第2章-3、第4章-2

■自分と開発者の間に線を引く

	自分と開発者の間に線を引く
失敗誘発行為	開発者が苦戦していても協力せずに傍観する。不具合がなかなか解決しないときに、その原因を開発者のせいと決め付け、非難したり詰め寄ったりする
よくない理由	プロジェクトがうまく進まない事態は開発者が望んで招いているものではない。開発者の能力不足や不注意によることもありうるが、多くの場合その要因は非常に複雑で、発注者側に原因があることも多い。ソフトウェアというもの、ソフトウェア開発という作業自体が多分に不確実性を持っている以上、簡単に開発者の人的要因に原因を帰するべきではない。プロジェクトがうまく進まないときには、開発者も何とか打開しようと懸命に努力しているものである。そのようなときに発注者から「自分のせいではない」などと線を引かれると開発者のモチベーションは急低下し、事態を打開する目的からすると逆効果になってしまう
正しい方法	「課題という共通の敵に対し、開発者と一緒になって立ち向かうのだ」という意識を持つ。プロジェクトがうまく進まないときに開発者を責めたりせず、自分の分も開発者が戦ってくれていると受け止め、応援者として開発者の奮闘を鼓舞しよう。現場での動作検証など、発注者しかできないこともある。開発者からの協力依頼には快く応じよう

参照→第2章-2、第2章-3、第4章-2

第6章
ソフトウェア開発者との コミュニケーションの基本

　第5章では、ソフトウェア発注プロジェクトを失敗に招く失敗誘発行為をリストアップしました。次に本章では、ソフトウェア発注プロジェクトにおけるコミュニケーションについて掘り下げて考えてみます。第1章で述べたように、ソフトウェア発注プロジェクトで発生した多くの失敗は、コミュニケーションが適切になされていれば避けられていたものと考えられます。ここでの「適切なコミュニケーション」とは、いったいどのようなものでしょうか？　コミュニケーションを適切にするには、いったい何をすればいいのでしょうか？　ソフトウェア発注プロジェクトの成否を握るコミュニケーション、発注者と開発者の間でなされるべきやり取りの基本を、ここで確認しておきましょう。

1 コミュニケーションの重要性

ソフトウェア発注の成否の多くを担うのが開発者とのコミュニケーションです。ここではコミュニケーションというものの性質や、その重要性を再確認しましょう。

■コミュニケーションは失敗誘発行為を避ける万能薬

　第5章では、ソフトウェア発注プロジェクトが失敗するリスクを増大させる24の失敗誘発行為をリストアップしました。ソフトウェア発注者には、そうした行為をやってしまわないように備えておくことが求められます。それには、具体的にどのような備えをすればいいのでしょうか？　なかなか大変そうですが、これらの行為をひと通り暗記して、それぞれの問題点や回避策を頭に入れておくしかないのでしょうか？

　いいえ、必ずしもその必要はありません。それよりももっと簡単で、かつ根本的なやり方があります。それは開発者との信頼関係をしっかり保つことです。失敗誘発行為があった際、開発者に「それはダメですよ」と注意してもらえる関係を作っておくのです。開発者との信頼関係が良好であれば、やんわりと指摘してくれたり、問題を解消させる方向にリードしてくれたりします。このやり方なら、発注者は具体的な失敗誘発行為を1つひとつ覚えていなくてもすみます。

　ソフトウェア発注者と開発者との信頼関係構築にもっとも大事なのは、言うまでもなくコミュニケーションです。開発者との良好なコミュニケーションは、発注者の失敗誘発行為を予防し、ソフトウェア発注のあらゆる失敗を回避する「万能薬」です。どのような行為が失敗誘発行為であるのかは、発注者よりも開発者の方がずっとよく把握していますので、そのノウハウも最大限に活用したいものです。

■コミュニケーション不足がもたらす弊害

　ソフトウェア開発プロジェクトが失敗する原因のほとんどは、発注者と開発者の間のコミュニケーション不足にあると考えてかまいません。どれだけ優れたソフトウェア開発者に依頼したとしても、コミュニケーションが不適切であれば、開発者の持つ貴重な能力を十分に引き出すことができず、そのプロジェクトは悲惨な結末を迎える結果になります。

　ソフトウェア発注に限らず、あらゆる人間関係ではコミュニケーションがとても重要な役割を果たします。ちょっとしたコミュニケーションのすれ違いが、人間関係に致命的なきずを残したりします。もちろん筆者にも、そのような苦い経験はたくさんあります。コミュニケーションには細心の注意を払わないといけません。しかし世の中で進められている多くのソフトウェア開発プロジェクト、とくにものづくり現場から発注されるソフトウェア開発のプロジェクトでは、この当たり前のことが守られていない場合がほとんどです。その結果、取るに足らない理由から多くのソフトウェア開発プロジェクトが失敗しています。筆者の周りには、何千万円も払って倉庫の場所を食うだけのコンピュータシステムを買うことになった発注者がいます。また、数百万円ですむようなソフトウェアの開発に、その3倍ほどの費用をかけることになった発注者もいます。有能な開発者から依頼を受けてもらえず、代わりも見つからず途方に暮れている発注者もいます。

　こうした失敗に直面した発注者は、とかくすべてを開発者のせいにしがちです。「開発者に足元を見られたから」「開発者にぼったくられたから」「開発者に意地悪をされたから」などと理由づけしたり、「自分に非はない。悪いのは開発者だ」と考えたりしがちです。それが100％間違っているとは言えません。確かに心がけのよろしくないソフトウェア開発者も存在します。しかしそのような開発者はごく少数であり、多くの開発者は足元を見たり、ぼったくったり、意地悪をしたりしたわけではありません。そのように誤解されるような状況に追い込まれたにすぎないのです。

　ほとんどのケースで、失敗は起こるべくして起こっています。発注者が何かを改めない限り、発注先を変えても同じ失敗が繰り返されること

は明白です。現実には非常に多くの発注者が、不適切なコミュニケーションによって自ら失敗を招いています。

■コミュニケーション不足が呼ぶ悪循環

ソフトウェア発注に限りませんが、人間関係において相手に対する不信感が心の中に芽生えると、コミュニケーションに支障が生じ、さらに不信感が募っていくという不幸な悪循環が生じます。この「悪循環」という言葉は、「少し状況が悪くなると、それが状況をさらに悪くするように作用する」ことを意味します。工学的な言葉を使うなら「正帰還系[*1]である」という言い方ができます。

正帰還系は一般に不安定で、何か別の要因によって歯止めがかかるまで「とことん行くところまで行ってしまう」挙動を示します。そしてコミュニケーションというものも、そうした正帰還系の性質を持っています。開発者との信頼関係に小さなきずが生じると、それは図表6-1に示すように、信頼関係を修復する方向に作用せず、さらに壊す方向に作用します。そして両者の間の溝はどんどん深くなります。相手の感情を害するようなことをすると、相手もこちらに対して配慮をしなくなります。「この相手には配慮をしてもムダ」と思われてしまったら、もうまともなコミュニケーションはできません。第4章-2で述べた「ものづくり現場とシステムベンダの残念な関係」は、まさに正帰還系としてのコミュニケーションがもたらした悪循環の結果なのです。

しかし、悪循環の起きる正帰還系では、一般に好循環も起きます。すなわち少し状況が良くなると、状況をさらに良くするような作用が生まれます。これは私たちにとってとても幸いなことです。コミュニケーションについて言うと、発注者と開発者の間に非常に強固な信頼関係を築くことができるからです。

悪循環と好循環のどちらが始まるか、それは図表6-2に示すように、系の初期状態によって決まります。ごくわずかな初期状態の違いにより、系は悪循環を始めたり、好循環を始めたりします。そこで、発注者と開発者のやり取りでは、相手に「イラッ」という気持ちを少しも起こさせないよう、十分な注意を払いましょう。最初のうちにしっかり気配りを

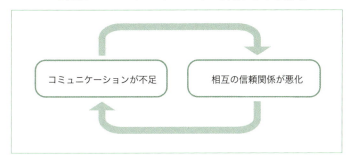

●図表 6-1　コミュニケーション不足が呼ぶ悪循環

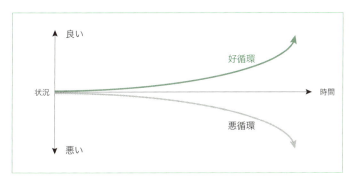

●図表 6-2　悪循環が起きるのであれば好循環も起きる

しておけば、その後ちょっとした粗相があっても、信頼関係が壊滅的に壊れてしまうような事態にはなりにくくなります。発注者と開発者の間に強固な信頼関係が築かれるかどうかは、ごくわずかな気配りにかかっているのです。開発者との付き合いがまだ浅いときには、とくに丁寧なコミュニケーションを心がけましょう。

---

*１：「系（system）」という言葉はちょっとわかりにくいのですが、通常は「仕組み」のことだと考えてかまいません。少し変化が生じたとき、その変化をさらに拡大させようとする性質を持つ系のことを「正帰還系（positive feedback system）」、反対に変化を打ち消そうとする性質を持つ系のことを「負帰還系（negative feedback system）」と呼びます。正帰還・負帰還の考え方は、物理現象だけでなくあらゆる自然現象、さらには社会現象を考える上でも非常に有用です。

■コミュニケーションをついおろそかにしてしまう理由

　相手が呼びかけてきても無視する、相手が待っていることを知りながらいつまでも回答しない、相手にいろいろ協力してもらってきた計画を理由もなく打ち切る、相手に損をさせてもおかまいなし……、職場の仲間や親しい友達に対しては絶対にやらないであろう（あるいは、うっかりやってしまったら、その後慌てて謝ることになるであろう）行為を、ソフトウェア開発者に対して、いとも簡単にやってしまう発注者は残念ながら非常に多くいます。筆者自身もそのような発注者をよく見かけます。いったいなぜそのような、相手を怒らせるようなことを平気でやってしまうのでしょうか？　筆者はその理由について、発注者がソフトウェア開発というビジネスの内情をよくわかっていないためではないかと考えています。

　筆者のメールアドレスには、毎日数百通の広告メールが届きます。中には「返事をお待ちしています」と書かれているものもあります。しかし、筆者はいちいち返事を書きません。また筆者の職場には、よく保険などの販売員が訪れます。中には、わざわざ筆者のための提案書を作って持ってきてくれる人もいます。しかし、筆者はたいていそれらを放置してしまいます。おそらく多くの読者も、筆者と同じような対応をしているでしょう。しかし考えてみると、そうした対応は「職場の仲間や親しい友達に対しては絶対にやらない」行為であると言えます。親しい友達からのメールに「お返事ください」と書かれていたら無視することはないはずですし、職場の仲間が遠くから書類を持ってきてくれたら、必ず目を通すはずです。私たちは広告メールや訪問販売に対して「相手が勝手にやっている販促活動だから、こちらが頼んだわけではないから」という理由を付け、親しい友達や職場の仲間と区別します。そしてその背景には「相手が自発的に販促活動をするのは、何かそれで採算を取る仕組みがあるからに違いない」という思考があります。

　このような思考を、ソフトウェア開発者の行う「プレエンジニアリング」にもそのまま当てはめている発注者がとても多いのです。「プレエンジニアリング」とは受注前、つまり発注者から代金を受ける前に開発

者が無償で行う取り組みのことです。代金を受け取らず、開発者が自発的にやっていることなのですから、一種の販促活動であるようにも見えます。しかしソフトウェア開発のプレエンジニアリングにかかる負担は、広告メールや訪問販売でかけられている負担に比べてずっと大きいものです。プレエンジニアリングでは、発注者から相談を受けてから、提案書と見積もりを提出するまで、場合によっては何日も、専門知識に基づく技術検討や文書作成を行う必要があります。とくに、ものづくり現場から発注されるソフトウェアの場合、実際に現地に出かけて現場の状況を見せてもらうまで、提案内容が決められない場合も少なくありません。送信先アドレスを1つ追加するだけでよい広告メールや、町内を回るついでに1軒／1社多く立ち寄るだけでよい訪問販売とは事情が違うのです。

　ものづくり現場からのソフトウェア発注案件において、開発者側に発生するプレエンジニアリングの費用を計算してみると、ほとんどの案件で1件あたり20万円程度はかかっています。そして開発者は、この費用を受注によって回収しなければいけません。この回収は、見積もり金額に20万円を上乗せすればできるのでしょうか？　いいえ、それでは全然足りません。受注確率を考慮した期待値が20万円になるようにしないといけないからです。受注確率が20%だとすれば、100÷20＝5倍の金額（100万円）、受注確率が10%だとすれば、100÷10＝10倍の金額（200万円）を発注者に負担してもらわないといけません。ソフトウェア開発の見積もり金額の中には、「開発者がプレエンジニアリングを行ったのに、受注することができなかった分」の金額がすべて上乗せされています。発注者は依頼した内容と異なる案件のプレエンジニアリングにかかった費用まで支払わなければならないわけで、ちょっと理不尽な感じもします。

　販促活動にかかる費用を商材の価格に上乗せすること自体は珍しいことではありません。私たちが日ごろスーパーマーケットで購入する食料品や雑貨の価格にも、その商品を宣伝するのにかかった費用が上乗せされています。タクシーの運賃にも、乗客を探しながらあちこち走り回った費用が上乗せされています。ただソフトウェア、とくにものづくり現

場で使われるソフトウェアの場合、その特殊性と一品性からくる事情があります。販促活動（プレエンジニアリング）にかかる費用が大きく、それを負担する発注者の数が少なくなりがちであることから、スーパーマーケットに並んでいる食料品や雑貨品、タクシーの運賃などとはケタ違いに大きい金額を見積もり金額に上乗せしなければならないのです。ソフトウェア開発者は、決して足元を見ているわけでもなく、ぼったくっているわけでもなく、意地悪をしているわけでもありません。ソフトウェア開発という仕事を続けていくために不可欠なことをしているだけです。さもなければソフトウェア開発者は「（プレエンジニアリングの費用がかさみがちな）ものづくり現場からのソフトウェア開発依頼をすべてお断りする」という戦略転換に踏み切らざるを得なくなるでしょう。わが国ではまさにそれが起き、多くのソフトウェア開発者がものづくり現場を相手にしなくなってきています。これも第4章-2で述べた「ものづくり現場とシステムベンダの残念な関係」の一側面です。

　ソフトウェア発注者は、開発者が採算を取るために何をしないといけないのか、その内情を理解してください。とくにプレエンジニアリングの段階では、開発者に負担をかけさせるようなことはできるだけ避けてください。さもなければソフトウェア開発者は高い見積もりを出さざるを得なくなりますし、最終的にはものづくり現場から離れてしまい、発注者自身にとっても頼りにできるソフトウェア開発者を失う結果をもたらします。

2 メールでのコミュニケーションテクニック

ソフトウェア開発者とのやり取りでは、メールが重要な役割を果たします。しかしメールには短所もあります。仕組みと習慣でその短所を補っていきましょう。

■コミュニケーションの基本はメール

　ソフトウェア開発プロジェクトでは、作るべきソフトウェアの仕様を決めたり、作ったソフトウェアの動作を確認したり、いろいろな目的のために発注者と開発者が濃密なやり取りを行います。このやり取りは、いったいどれくらいの回数になるものなのでしょうか？　そのような質問に対する1つの答えとして、筆者のパソコンに残っているメールの送受信記録が参考になるでしょう。

　図表6-3に、筆者のメール送受信記録から割り出した、プロジェクトごとのメール送受信数をまとめてみました。筆者の経験によると、開発プロジェクトあたりのメール送受信数は、多くが300～2,000回の間に入っているようです。やり取りしたメールの内訳を調べてみると、約80％が作るべきソフトウェアの仕様を決めるためのやり取りで、残

●図表6-3　開発プロジェクトあたりのメール送受信数の例

顧客	プロジェクト数		メール送受信数［通］	
	完了	未完	顧客別の総数	プロジェクトあたり
A	4	1	20,946	4,655
B	1	1	1,980	1,320
C	1		1,524	1,524
D	1	1	1,469	979
E	1		452	452
F		1	330	660
G		1	160	320
H		1	89	178

る20％が不具合に対処するためのやり取りや使い方に関するやり取り。わずかに訪問スケジュールの調整とか、年末年始の挨拶といったものが交じっています。1つのソフトウェアを完成させるまで、これだけの回数のやり取りが必要になるということは覚えておいてください。もっともこの数字は、ソフトウェアがものづくり現場から発注されたものであったことも大いに関係しているでしょう。第4章-1でも述べたように、人事システムや経理システムと異なり、ものづくり現場で使われるソフトウェアの仕様を固めるのはとりわけ大変だからです。

　それにしても2,000回ものメールのやり取りとは、いったいどのようなものでしょうか？　プロジェクトの期間が1年間だとすると、これは平均して毎日8通、つまり4往復のやり取りを重ねていることになります。これだけ濃密なやり取りを支えることのできる連絡手段はメール以外にありません。開発者と打ち合わせすることを好む発注者がいますが、打ち合わせではこれだけの高密度な情報交換ができません。打ち合わせでは、目の前にいる相手に限られた時間で回答しなければならないという制約が生じるので、互いに深い思考や検討ができないからです。こうした事情は対面での（リアルな）打ち合わせだけでなく、リモートでの打ち合わせ、あるいは電話でも同じです。大量の情報をやり取りして積み重ねていく手段としては、メールが圧倒的に強力であると言えます。

　したがって、ソフトウェア開発プロジェクトでのコミュニケーションはメールで行うのが基本となります。メール以外の手段で情報をやり取りすることがあるかもしれませんが、そのような場合でも情報を整理するため、必ずメールに記録を残してください。リモートや対面での打ち合わせ、あるいは電話で会話を行ったらすぐに議事録をメールで共有し、メールの送受信記録にすべての情報を集約するようにしてください。そうしなければ、後からその情報が必要になったときに探し出すことができなくなるからです。

　なお、最近ではインターネット犯罪への警戒心の高まりからか、ちょっと変わった方法でメールのやり取りをしようとするとすぐ受信を拒否されてしまう例が増えてきました。たとえば、実行可能なプログラムの添付されたメールは受信しないとか、zip形式で圧縮されたファイルの添

付されたメールは受信しないといった例があります。インターネット犯罪の被害に遭わないという目的では理にかなっているのかもしれませんが、ソフトウェア開発プロジェクトを能率よく進める上では明らかにマイナスです。メーリングリストの使用やプログラムの実行について、情報システムを管理されている方と事前に相談し、できれば開発者をホワイトリストに登録して受信制限を解除する[*2]などの対策をしておきたいものです。

■不要な引用をしない

　ここまでは、1つのソフトウェアを作るのに300〜2,000回ものメールのやり取りが必要になることを述べました。これだけの回数のメールを書いたり読んだりしようとすると、プロジェクト全体では長い時間と多くの手間がかかることは言うまでもありません。そこでここからは、メールを読み書きする負担を減らす工夫について考えていきましょう。

　最初にお伝えしたいのが「不要な引用をしない」ということです。不要な引用が多いと、メールが読みにくくなり、送受信にも時間がかかってしまいます。具体的にはまず、不要な全文引用を避けます。メールの書き方について、学校などでは「メールを返信する際、送信されてきたメールの内容をそのまま残しておくのがマナー」などと教えているそうですが、これは高度に技術的なやり取りを重ねる目的ではまったく間違いです。ダラダラと過去のやり取りがくっついているメールでは、必要な部分を探すのにとても苦労します。特に技術的なやり取りでは、過去のメールの内容を参照したり、そのためにキーワードで検索したりしなければならない場面に多く遭遇するのですが、全文引用がなされていると、そのキーワードを含む引用部分が何度もヒットして（検索されて）しまい、検索がとても面倒になります。少なくともソフトウェア開発プロジェク

---

*2：情報セキュリティの観点からすると、ソフトウェア開発者を信用しないというのはまったくのナンセンスです。もし開発者が本当に悪意を持っていれば、納品するソフトウェアに、外からまったく気づかれない形で、とんでもない機能を盛り込んでおくことなど全然難しくないからです。メールに受信制限をかけたりするよりも大事なのは、開発者が信用できる人物であるかどうかをしっかりと見極めることです。

トでのやり取りメールでは、全文引用はやめることをお勧めします。

　そうかと言って、過去のやり取りをまったく引用しないのもよくありません。たとえば「承知しました」だけの返事が返ってきても、送信者が何を承知してくれたのかが全然わからないからです。もっともよいのは、やり取りの流れがわかる程度に必要な部分だけを残して引用し、差し込み形式で返答することです。

　図表6-4に全文引用形式と部分引用形式の違い、図表6-5に分離回答形式と差し込み回答形式の違いを示しました。このように書き方を工夫するだけで、受信者がメールを読む負担や、誤解を招く危険性を減らすことができます。

●図表6-4　全文引用形式と部分引用形式

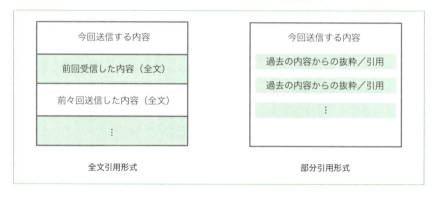

●図表6-5　分離回答形式と差し込み回答形式

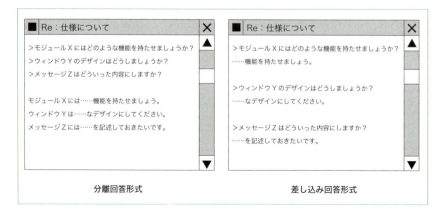

■相手を待たせない

　ソフトウェア開発プロジェクトの全体では、1回のメールのやり取りにかかった平均時間が300〜2,000倍になって工程に効いてきます。ですからメールを受け取ってから返事を返すまでの時間は短いに越したことはありません。発注者と受信者のそれぞれが平均1時間早く返事を返すようにすれば、1日の営業時間を10時間とすると、全体としては30〜200日の節約ができる計算になります。反対にメールの返信を平均1時間遅らせると、この日数だけ工程が遅れてしまいます。

　検討や社内調整が必要であるなどの理由で、返事を返すまでに時間がかかりそうな場合もあるでしょう。そのような場合には「メールは届いている。返事は少し待ってほしい」という趣旨のメールを1本送ってください。そのメールを受け取った開発者は頭を切り替え、別の仕事を進めることができます。メールでの返事を待っているのにも、多少なりとも手間や費用がかかるということは意識しておくべきです。ベテラン開発者は、余計な質問はせず、ソフトウェアの仕様を決めるのに本当に必要なことだけを凝縮して質問するものです。質問に対する回答が来るまで、ソフトウェアの仕様が決まらず、開発が停止してしまいます。回答は早ければ早いほどよいのです。

■一度で正確に伝える

　メールの文章は正確に伝わるように書くことが大事です。ここでの「正確に伝わる」には2つの意味があります。1つは内容に誤りがないこと、もう1つは内容を誤解させないことです。とくに後者の視点を欠いている発注者はとても多くいます。読みやすい文章を書き、図表6-6、図表6-7に示すように、箇条書きやインデントも駆使して、少しでも誤読されにくいようにしましょう。「何回かやり取りしているうちに伝わるだろう」ではなく「一撃必殺でわからせる」ことを強く意識して書いてください。それでやっと一度で正確に伝わるメールになります。ものづくり全般にも言えることですが、間違いは個人の努力でなく、習慣や工夫などの方法で減らすものです。間違いが起きにくいメールの書き方の

●図表 6-6　箇条書きでメールを読みやすくする

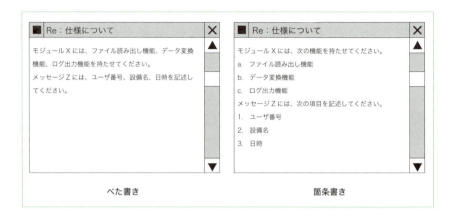

●図表 6-7　インデントでメールを読みやすくする

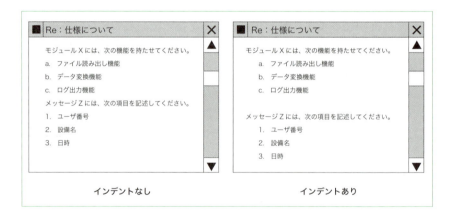

スタイルを積極的に確立させていきましょう。

　メールの件名（subject）にも気を遣うべきです。膨大な数のメールをやり取りしようとすると、見落としのリスクもそれだけ高まります。たとえば「Re：仕様の件」などという件名のメールがずらーっと並ぶような状況になると、どのメールに返事を返しており、どのメールには返していないのかがすぐにはわからなくなってしまいます。1通のメールを見落としたばかりに、おかしいと思った相手が確認の連絡をくれるまで、何日も開発が止まってしまうこともあります。これも注意力では

なく、方法で予防しましょう。たとえばプロジェクトに関するメールには、必ずプロジェクト名（あらかじめ決めておく）で始まる件名を使って他のメールと区別しやすくする、やり取りに使うメールアドレスを決めておくといった方法が考えられます。後述する「メーリングリスト」を活用するのもよい方法です。

■質問には的確に回答する

　相手から質問が送られてきたら、必ず回答してください。回答は疑問符（？）の数だけ必要だと考えてください。また正確さも大事です。回答のメールを書いた後にはすぐに送信せず、内容をもう一度読み返すとよいでしょう。誤字や脱字も避けてください。また回答が、どの質問に対するものなのかがわかるように書かれているかどうかも確かめてください。「このくらいのミスなら許してくれるだろう」「このくらいに書いておけば推測してくれるだろう」といったことはとんでもない誤解の原因になります。メールから正確な意味を読み取ることができなかった開発者が、念のため発注者に確認のメールを送ってくれることもありますが、その余計な1往復分の時間ロスは確実に工程の遅れにつながります。

　ベテランの開発者は、よくプログラムの試作品を作ってくれます。文字ばかりの仕様書を見せるよりも実際にソフトウェアに触ってもらう、その方がよほど手間なく、正確に情報を共有することができるからです。仕様を決めるために積極的に試作を活用する開発の進め方を「プロタイピング（prototyping）」と言います。ソフトウェア開発でのプロトタイピングは、オブジェクト指向開発が一般的になってから、ずいぶん利用しやすくなりました。オブジェクト指向開発では、ソースコードが事実上の仕様書であるからです。ですから開発者から試作プログラムが送られてきたら、それは仕様書案を見せられ、確認を求められているのと同じことです。できるだけ早く動作を試し、評価・確認の依頼に対して的確な回答を返してください。

■メーリングリストの活用

　「メーリングリスト」というシステムがあります。これは所定の投稿

● 図表6-8　メーリングリストの仕組み

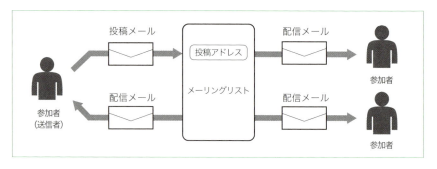

アドレスにメールを送信すると、登録されている全員にそのメールが自動配信される仕組みです。

　20年ほど前には多人数の情報共有や意見交換によくメーリングリストが使われていたので、利用経験のある読者も多いのではないでしょうか。最近ではSNS（social networking services）がその役を担うようになり、メーリングリストを見かける場面はだいぶ減ってしまいました。そんなメーリングリストをソフトウェア開発プロジェクトのやり取りに使うと、一般的なメールを使うよりもずいぶんやり取りがしやすくなります。そこでここでは、コミュニケーションテクニックの1つとしてのメーリングリストの活用について取り上げます。

　最近ではあまり見かけなくなったメーリングリストですが、システム自体は今でも一般的であり、誰でも簡単に利用することができます。おそらくソフトウェア開発者に頼めば用意してもらえることでしょう。メーリングリストにはそれぞれ、投稿用のメールアドレスが付いています。このアドレス宛にメールを送信（投稿）すると、メーリングリストに登録されている全員にそのメールが自動配信されます。もちろん投稿者自身にも届きます。つまりメーリングリストを使ってやり取りしている限りは、全員に同じ内容が配信されることが保証され、連絡漏れが起きません。

　配信されるメールの件名（subject）には、「[△△△△：1234] Re：仕様について」のように、プロジェクトの名前（この例では「△△△△」）と、メーリングリストでの通し番号（この例では「1234」）が自動的に

● 図表6-9　メーリングリストを使うと見落としが防げる

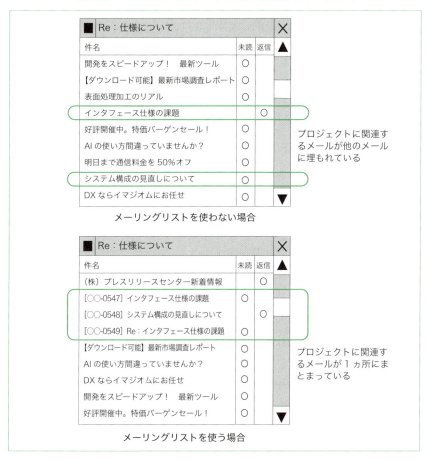

付加されます。ですのでたくさんのメールの中に混じっていても、埋もれてしまって見落とされるというトラブルが起こりにくくなります。

　見落としが起こりにくくなるということは、相手から返事が返ってくるのを待たず、その前に次のメールを送信してもいいということにつながります。メーリングリストを使うと、1つのメールにいろいろなテーマを詰め込んで送る必要がなくなり、テーマごとにメールを分けて送ることが無理なくできるようになります。筆者もよく5テーマくらいのメールを同時に送ることがあります。相手からも5通のメールが返ってきて、メールの受信記録を見ると5通ずつ行ったり来たりしていま

す。まるで5個のボールを使うテニスのようですが、それでも混乱せずにやり取りすることができるのがメーリングリストの大きなメリットです。複数の開発プロジェクトを同時に進める場合、開発プロジェクトごとにメーリングリストを設置し、複数のメーリングリストを使うこともできます。このようなテクニックを使うことでメールをやり取りする周期を早め、結果的に工程を大きく短縮することができます。

過去に投稿されたメールを参照したり引用したりする場合でも、一般的なメールのように「○○さんが何月何日何時何分何秒に送ったメール」などという書き方をする必要がありません。［△△△△：1234］と書くだけで、参照先／引用先のメールを1つに特定できるからです。参照や引用がとてもやりやすくなります。

メールソフトウェアを使ったメール検索も素早くできます。メールソフトウェアの機能を使い、受信したメールを件名で並べ替えれば、［△△△△：……］という件名のメールだけを1ヵ所にまとめることができます。それらを選んでおいてからキーワード検索をかければ、メーリングリストに投稿されたメールだけを対象として、その中に含まれているキーワードを見つけ出すことができます。

このように、ソフトウェア発注プロジェクトでやり取りをする手段としてメーリングリストを活用すると、通常のメールでは得られないメリットがたくさん得られます。ぜひ一度試してみてください。

■ファイル添付での気配り

メールの文章だけで伝えることが難しい内容は、説明資料ファイルなどを作成してメールに添付します。この際に大事なのは、添付ファイルとメールの対応関係が失われないようにすることです。後からそのファイルに対応する受信メール・送信メールを見つけ出すことができるようにしておかないといけません。添付ファイルの名前は相手の使っているメールソフトウェアによっては文字化けしてしまいます。相手が管理しやすく、混乱しにくいように工夫しましょう。ファイルをzip形式などに圧縮してから添付すると、圧縮ファイルの名前が文字化けしても、もとの名前でファイルを取り出すことができます。添付ファイルの名前を

メール本文に書いておくのもよい方法です。

　また、添付ファイルの名前の付け方も大事です。ファイルによく「最新……」などという名前を付ける人がいますが、これはナンセンスです。その資料を作り直すことになれば、その瞬間に「最新」ではなくなってしまうからです。今後も資料が改訂されることを予想し、それでも破綻しないファイル名の体系にしておきましょう。ファイルのバージョンや作成日、メーリングリストの投稿番号などがわかる文字列をファイル名に含ませておくのもお勧めです。内容の異なるファイルを同じファイル名で送るようなことは避けてください。

　資料を受け取った側も、作成者や作成日時が明確にわかるように保管してください。受け取ったらすぐ、ファイル名に受信日時や、メーリングリストの投稿番号を付けてしまうのもよい方法です。ただファイル名をあまり大きく変えてしまうと資料を送った側と認識がずれてしまい、ファイル名を伝えてもどのファイルなのか、相手にわかってもらえなくなります。そのような事態を防ぐためにも、送信側で「受信側が変更しなくてもすむような名前」をファイルに付けておく心がけが大事です。

　添付ファイルの大きさは、10Mバイト以下にしてください。メーリングリストの場合には2Mバイトが上限です。それよりも大きいファイルを送る場合にはメール添付以外の方法を使います。最近では「データ便」[20]や「ギガファイル便」[21]など、ファイル転送サービスを提供するウェブサイトがいろいろあり、それらも利用できます。いずれにしても、ファイルの添付されたメールは、ファイルの添付されていないメールよりも相手に届かない可能性が高まります。受信確認メールをすぐに返す習慣を普段から作っておけば、メールが不着となったことになかなか気づかず、ムダに待ってしまう事態を防ぐことができます。

　メールの送受信環境は組織や人によってまちまちです。環境の統一された社内では問題なく送受信ができているメールでも、社外の相手にはとんでもない形で届いたり、まったく届かなかったりすることがあります。とくにファイルの添付されたメールでは、そうしたトラブルが顕著に起きます。情報を確実・正確にやり取りするためには、そうしたトラブルに対する想定と対策が欠かせません。

3 発注先の選定とコミュニケーション

コミュニケーション力の低い開発者に発注してしまうと、そのプロジェクトは失敗したも同然です。発注前にチェックするべきポイントを押さえておきましょう。

■コミュニケーション力の低い開発者に依頼しない

　ここまで、ソフトウェア発注における発注者と開発者のコミュニケーションについて述べてきました。コミュニケーションの重要性や、コミュニケーションを良好に保つためのテクニックをご理解いただけたでしょうか。しかし、コミュニケーションは発注者だけで行うものではありません。発注者がどれだけ良いコミュニケーションを心がけていても、開発者の側にコミュニケーション力がなければ良好なコミュニケーションは実現できません。

　発注者と開発者のコミュニケーションが不足すると、次のような問題が生じることは明らかです。

1. やり取りにムダが多くなり、労力と時間を余計に費やすことになる。その結果、工程が遅れたり、費用がかさんだりする
2. 開発者の技術力や得意分野を充分に見極めずに契約してしまうため、技術不足や分野違いに起因する失敗を招くリスクが生じる

　これらに加えて、もう1つお伝えしたいことがあります。それはベテランのソフトウェア開発者は、たいていコミュニケーションについてもベテランであるということです。数多くの発注者から相談を受け、あらゆる課題を解決し、さまざまなソフトウェアを開発してきた経験が、それだけ開発者のコミュニケーション力を向上させるからです。裏を返すと、開発者のコミュニケーション力が低い場合、それはおそらくその開発者の経験が乏しいということを意味しています。ですのでコミュニケーション不足がもたらす問題は上記の2つだけではありません。こ

れらに加えて次の1つも追記しておくべきです。

3. 経験の乏しい開発者に依頼することになる可能性が高く、技術不足に起因する失敗を招くリスクが増える

　こうしたことからわかるように、ソフトウェア発注プロジェクトを成功させたいのなら絶対に、優れたコミュニケーション力を持つ開発者を発注先に選ばないといけません。

■ 開発者を見極めるコミュニケーションテクニック

　発注先候補のソフトウェア開発者がいくつかリストアップされているとして、それぞれの候補のコミュニケーション力や技術力をどのように評価すればいいのでしょうか？　ここでは相手の能力をメールで見極める方法をご紹介します。

　まず、開発者のコミュニケーション力を確かめるには、メールで問い合わせを行い、返答が返ってくるまでの時間を計ってみる方法が役に立ちます。回答が遅いならば、きっと今後のやり取りでも待たされることが多いでしょう。目安としては平均24時間以内です。3日以上待たせても平気でいるような開発者は、発注先候補から外した方がいいかもしれません。

　問い合わせメールへの返答には、こちらから送った質問に対応する回答が、質問との対応がわかる形で記載されていますか？　もし質問に対する回答が抜けていたり、どの質問に対する質問なのかわからないというようなことがあったら、その発注先のコミュニケーション力はあまり高くない可能性があります。回答がいい加減だったり、ぶっきらぼうだったり、「そんなことも知らないのか」とばかり専門用語だらけだったり、業界人しか知らないような略語だらけだったりするのも大いに問題です。メールの文章から「相手に確実にわかってもらいたい」という意思が感じられないのでは、今後のやり取りで苦労させられることは間違いありません。誤字・脱字が多いとか、内容に間違いが多いというのも将来のトラブルを予言しているようなものです。やはり発注先候補から外

●図表6-10 相手のコミュニケーション力をメールでチェックする

確認項目	ポイント
回答時間	24時間以内に返答が返ってくるか？
回答の抜け	質問に対する回答が抜けていないか？
質問との対応	質問との対応がわかるように回答が記載されているか？
正確さ	メールに書かれている意味が正確に読み取れるか？
言葉遣い	メールの書き方がぶっきらぼうではないか？
専門用語や略語	メールに専門用語や略語が多用されていないか？
未定義の言葉	メールに未定義の言葉が使われていないか？
誤字や脱字	メールに誤字や脱字が多くないか？
内容の間違い	メールの内容に間違いが多くないか？

●図表6-11 相手がその分野を得意としているかを探る質問の例

質問ポイント	例
代替案を尋ねる	当方は……のようにしようと考えていますが、もっとよい方法はありますか？
懸念点を尋ねる	当方は……を心配しています。そうなった場合にはどんな対策ができますか？
注意点を尋ねる	……の仕様を決めるにあたり、気を付けるべき点はどのようなことですか？

すのが賢明です。図表6-10に、相手からのメールをチェックするポイントをまとめておきました。

　開発者の技術力も、メールのやり取りで評価することができます。ここでのポイントは、相手に具体的なアイデアを出してもらうような、いわば「記述式のテスト」を課すことです。アイデアというのは、その技術分野についてある程度詳しくないと出すことができません。言葉を知っているかどうかだけの質問であれば、インターネット検索や、今流行の生成型AIを使ってそれらしい回答を作り出すことができます。しかしアイデアが求められる質問に対しては、そのような「背伸び」が通用しないのです。もっとも露骨に「テストされている」とわかるような質問を送ると、その後の関係がギクシャクしますので、さりげなくアイ

デアを「記述式で」出してもらうような質問をしてみてください。たとえば図表 6-11 に示すようにです。

　発注先を選ぶ段階から開発プロジェクトは始まっています。頼もしいソフトウェア開発者に仕事を任せることができるよう、メールのやり取りの中でしっかり見極めを行ってください。

COLUMN 3　ソフトウェア開発者と出会うには

　第6章では、発注先候補となっているソフトウェア開発者たちの中から、最終的な発注先とする開発者を絞り込む方法について述べています。しかし、これまでソフトウェア発注に取り組んだ経験のない人は、おそらく発注先候補となる開発者のリストを持ってはいないでしょう。その場合にはまず、そのリストを作ることから始めなければなりません。知り合いにソフトウェア開発者がいないのなら、何とかして出会わないといけないのです。それにはいったいどうすればいいのでしょうか？

　ソフトウェア開発者と知り合いになりたい。そんなときに多くの読者は、たとえば「ソフトウェア開発」などといったキーワードでインターネット検索をかけることでしょう。あるいはソフトウェア開発会社の紹介サイトなどを利用する読者もいると思います。しかし筆者は、これらの方法をあまりお勧めしません。なぜかと言うと、インターネット検索で上位に表示される開発会社というのは、たいてい「広告宣伝に力を入れることに十分なメリットがある」という性質を持つ会社だからです。多額の広告費用を投じても採算が取れ、たくさんの問い合わせが来てもパンクしないということは、その会社がメインとしているターゲットが、開発量に対して受注金額が大きく、プレエンジニアリングの負担が小さい分野であることを示しています。おそらくその会社は、基幹システムなどのボリュームゾーンをターゲットにしている会社なのでしょう。つまり、インターネット検索で簡単に見つかるソフトウェア開発会社は、ものづくり現場から行うソフトウェア発注に対しては分野違いとなる可能性が高いのです。実際筆者のまわりにはベテランのソフトウェア開発者が多くいますが、上記の方法で探してみたところ、1人も見つけることができませんでした。

　ものづくり現場からのソフトウェア発注を引き受けてくれる、優れたソフトウェア開発者と出会いたい、そのために筆者のお勧めする方法がいくつかあります。最初に紹介する方法は、上記と同じインターネット検索です。ただし「ソフトウェア開発」などといった漠然としたキーワードではなく、解決したい課題や使いたいコンポーネントをメインのキーワードにし、最後に「ソフトウェア開発」というキーワードを付けて検索します。たとえば「○

〇〇〇」という機器を制御するソフトウェアを開発したいときには、「〇〇〇〇　制御　ソフトウェア開発」というキーワードにします。「ソフトウェア開発」というキーワードだけで検索するよりも、ずっと目的に合ったソフトウェア開発者が見つかることでしょう。検索されたウェブサイトの内容を読めば、その開発者の技術力を見極めることもできます。

　次に紹介する方法は、ソフトウェア開発やプログラミングに関する技術情報を発信している人を見つけることです。ベテラン開発者にはボランティア精神に富んだ人が多く、インターネット上にある技術者向けの質問サイトでこまめに回答していたり、プログラミングのノウハウを記したウェブサイトやブログを公開していたりします。ソフトウェア開発者向けに本を出している人もいれば、勉強会の講師をしている人もいます。そして、そういう情報発信者の周りには、やはりベテラン開発者がたくさん集まっています。そういうコミュニティを見つけ、参加している人々を調べてみましょう。ソフトウェア開発を仕事にしている人が見つかったら、開発を引き受けてもらえるかどうか打診してみる価値はあります。ただしコミュニティにはプログラミングを趣味にしている個人も参加しており、そういう人に直接問い合わせを送ったりしては迷惑になりますので注意してください。

　最後に紹介する方法は、知り合いの人にソフトウェア開発者を紹介してもらうことです。たとえば、次のような人に相談してみてください。的確な開発者を紹介してもらえる可能性は大いにあります。

■ **ソフトウェア開発者**
　知り合いにソフトウェア開発者がいたら、その人に紹介してもらうとよいでしょう。ソフトウェア開発者は互いに交流を持っており、相手の得意分野などもよく知っていますので、とても的確な紹介が受けられます。もちろん相談を持ちかけた相手本人が引き受けてくれる可能性もあります。

■ **コンサルタント**
　技術的な相談を受けるコンサルタントが、多くのソフトウェア開発者を知っていることはよくあります。コンサルテーションを受けるのに費用がか

かりますが、優れた開発者を紹介してもらえるのなら、多少の費用を支払っても十分に取り返すことができます。

■技術商社

　技術商社もソフトウェア開発者をよく知っています。顧客から寄せられる「ソフトウェアを作りたい」という要望に応えるため、開発者の情報を積極的に集めているからです。最近では自社内にソフトウェア開発者を抱える技術商社も増えてきているようです。

■ハードウェアメーカ

　特定のハードウェアを使うソフトウェアを作りたいのなら、ハードウェアのメーカにソフトウェア開発者を紹介してもらう方法が使えます。メーカには「ソフトウェアを作りたい」という要望がたくさん寄せられますから、メーカもたいてい自社のハードウェアを使いこなすことのできるソフトウェア開発者を知っています。

■産業支援機関

　「……公社」とか「……センター」といった名前で呼ばれることが多い地方行政の産業支援機関は、その管轄地域を拠点とするソフトウェア開発者を網羅的に把握しています。紹介先は地域に限られてしまいますが、開発者の得意分野や人柄を知っていることも多く、的確な紹介が受けられます。

■金融機関

　銀行など金融機関の担当者も、その地域を拠点とするソフトウェア開発者をよく把握しています。金融機関にとっても、顧客が業務改善を果たして業績を向上させるのは望ましいことです。DXの取り組みを積極的に支援してくれることは珍しくなく、その一環として開発者を紹介してくれることもあります。

　このようにソフトウェア開発者と出会う方法はいろいろあります。優れた開発者は待っていても見つかりませんので、出会うには積極的に行動することが必要です。ソフトウェア開発者の知り合いは、どれだけ多く持っていても損になることはありません。ぜひたくさんのソフトウェア開発者と知り合い、仲良くなってください。

第 **7** 章

場面別
コミュニケーションの実際

　最後となる本章では、これまで個別に解説してきた内容を総合的に復習する意味で、実際のやり取りをできるだけリアルにシミュレーションしてみましょう。会話例の中には、ソフトウェア開発者とやり取りする上で重要となるポイントがちりばめられています。ぜひこれらを参考にして開発者とのコミュニケーションテクニックを磨き、良好な信頼関係を築いてください。開発者とのしっかりした信頼関係こそが、読者のソフトウェア発注プロジェクトを成功に導くパスポートであることは間違いありません。

1 発注先が決まるまでのやり取り

ソフトウェアを作ってもらうのに、最適な開発者を選ぶことはとても大事です。今回の開発にピッタリなのは誰なのかを見極めるやり取りを見てみましょう。

■発注先を見極めるためのやり取り

　発注先を絞り込むための取り組みがここから始まります。発注先を決めるために必要な情報を短い期間で得るように集中します。相手の言葉遣いやものの言い方、回答するまでの時間、質問に対してきちんと回答しているかどうかなどを多面的に評価し、技術レベルや専門分野、人柄やコミュニケーション力を見極めていきます。また、相手からなるべくたくさんの知見を聞き出し、それを参考にして自分が持っていた計画や構想をブラッシュアップしていきます。

　開発者からは、作ろうとしているソフトウェアが期待しているような効果を生むか、想定しているユーザに使ってもらえるかといったことも教えてもらえる可能性があります。ただし、まだ費用が発生していないプレエンジニアリングでのやり取りですから、相手に負担をかける打ち合わせ・詳細技術検討・資料作成などを求めるべきではありません。あくまでメールだけで負担なく回答してもらえる範囲でのやり取りにとどめましょう。

発注者

初めてご連絡さし上げます。……株式会社の……と申します。弊社では……という課題を抱えていましたが、このたびこの課題を解決するためのソフトウェア（コンピュータシステム）を導入することになり、開発してくださる方を探しております。その過程で貴社を見つけ、ご連絡さし上げました。

POINT　長い付き合いの始まりとなるので、丁寧なやり取りを心がける。
　　　　→第6章-1
　　　　課題のみを伝え、解決方法を限定しない。→第5章-3

株式会社……の……と申します。このたびはお問い合わせくださいましてありがとうございます。ご相談の内容につきまして、技術者と相談しましたところ、お受けできそうだということでした。つきましては詳しいお話をお聞かせくださいますか？

POINT　相手の発言から人柄や技術力・コミュニケーション力を見極める。印象がよい場合には加点する。　→第 5 章 -7、第 6 章 -3

 弊社の課題は、具体的には……といったことです。ただしこれを解決するにあたり、……といった制約を守らないといけません。また弊社には……をしたいという希望があり、できればこれも実現したいと考えております。ご検討よろしくお願いいたします。

 POINT　課題の詳しい説明に加え、制約や希望を伝える。解決方法は限定しない。
  →第 5 章 -3
 POINT　期間的に余裕があるときには、情報を何度かに分けて送るのもよい。やり取りの回数を増やすと、相手のコミュニケーション力が見極めやすくなる。
  →第 5 章 -3、第 6 章 -3

 ところで失礼ですが、貴社は弊社と同様の課題を解決するソフトウェア（コンピュータシステム）を開発なさった経験をお持ちでしょうか？

 POINT　同様のソフトウェアを開発した経験があるかどうかを質問して確認する。経験がある場合には加点する。→第 2 章 -3、第 5 章 -6、第 6 章 -3

弊社には……のようなシステムを開発した経験がございます。これは……のような機能を持つものですので、貴社の課題に近いと思います。

POINT　質問に対する回答がなかった場合には減点する。　→第 5 章 -7、第 6 章 -3

 それは心強いです。そのご経験からアドバイスいただけることがありましたら、ぜひお教えください。

 POINT　相手の持っている知見を質問し、積極的に聞き出す。
  →第 1 章 -3、第 5 章 -6、第 6 章 -3

……のようなシステムでは、……が問題になることが多いです。事前に貴社内で確認なさるとよいと思います。

POINT　質問に対する回答がなかった場合には減点する。　→第 5 章 -7、第 6 章 -3

ありがとうございます。ところで弊社では、社内の規定で……を使わないといけないのですが、それは今回問題になりませんか？

POINT　自社に特有の事情など、伝わりにくそうな点、見落としがちな点について念を押す。→第5章-3

……を使わないといけない件について、実際にやってみないとわからない部分がありますが、……という理由を考えますと、おそらく大丈夫だと思われます。

POINT　質問に対する回答がなかった場合には減点する。回答に判断根拠が示されている場合には加点する。→第5章-7、第6章-3

もし……が使えるかどうか不安でしたら、その部分だけ先に試してみるような進め方もできます。

POINT　プロジェクトの進め方や開発方法を提案された場合には加点する。→第3章-2

ありがとうございます。発注仕様を固める上でおわかりにならないことはありますか？　ご不明のことがありましたら遠慮なくお尋ねください。

POINT　相手に仕様を固めてもらうことを前提に、必要な情報をすべて渡す。足りない情報がないかどうかを積極的に確認する。→第5章-3

株式会社……で技術を担当しております……と申します。

POINT　技術者と直接やり取りすることができるようになったら加点する。

お抱えの課題や詳細説明を拝見しました。ご発注仕様を決める上でいくつか質問がございます。

　1．お抱えの課題は貴社の中では一般的なものですか？　ご回答を考慮した設計にしたいと思います。
　2．お抱えの課題には……のような解決法もあるかと思うのですが、そちらは検討しなくてかまいませんか？

以上2点についてご回答をいただけないでしょうか。

お尋ねのご質問の一部に取り急ぎ回答します。

2．ご提案の……という解決法については、弊社でも過去に試したことがありますが、……のためにうまくいきませんでした。そのため今回は……とするのがよいと考えております。

POINT　質問を受けたら、適切な回答をテンポよく返す。→第6章-2

もう1つのご質問1については、社内で確認して回答します。

POINT　すぐ回答することができない場合には、ひとまず質問を受けたことだけでも伝える。→第6章-2

お待たせしました。前回お返事のできなかったご質問1への回答をお知らせします。

1．弊社内で一般的な課題であることがわかりました。同様の課題で困っている者は他部署にもたくさんおります。

他にご不明のことがありましたらお尋ねください。

POINT　仕様を固めてもらうのに足りない情報がないかどうかを積極的に確認する。→第5章-3

ところで、弊社では……のような使い方を考えているのですが、これについて貴社のお見立てはいかがですか？　よりよい方法など、お気づきのことがありましたらぜひお知らせください。

POINT　自分の考えている構想を伝えたり、積極的に質問したりして、相手のノウハウを引き出す。→第5章-6、第6章-3

ありがとうございます。貴社内で一般的な課題ということですので、今後の流用・転用もできるよう、自由度を高めに持たせたご提案をさし上げようと思います。

他には今のところ不明なことはございません。今後の検討の中で不明点が出てきたら、都度お尋ねいたします。お考えの構想も承りました。お考えどおりで問題ないと考えております。
ところで、今回のプロジェクトでは、今後多くの回数のやり取りが必要になると予想しております。コミュニケーションを円滑にするため、メーリングリストを使っていきたいと考えているのですが、不都合はございますか？

POINT　コミュニケーションの具体的な方法について、相手から良い提案がなされた場合には加点する。→第6章-2

POINT　相手から提案がない場合、自分から提案してもよい。

> また開発内容に……といった不確実要因が含まれています。それを排除する可能性検証を先行発注なさることをお勧めしますが、いかがでしょうか？

開発者

POINT　プロジェクトの進め方について、相手から良い提案がなされた場合には加点する。→第3章-2

POINT　相手から提案がない場合、自分から提案してもよい。

発注者

> ご提案ありがとうございます。メーリングリストの活用、可能性検証の先行発注とも、ぜひご提案どおりでお願いします。

POINT　質問を受けたら、適切な回答をテンポよく返す。すぐ回答することができない場合には、ひとまず質問を受けたことだけでも伝える。→第6章-2

発注者

> なお開発にあたり、……の開発実績をお持ちの貴社には、……といったことも期待しております。こちらもぜひご検討ください。

POINT　相手の開発実績・スキルなどを考え、とくに期待していることや頼みたいことがあれば、明示的に伝えて提案に反映させてもらう。
→第2章-3、第5章-3

> かしこまりました。ご依頼の点についてもお力になれると思います。遠慮なくご相談ください。

開発者

■提案と見積もりを受ける際のやり取り

　十分に情報交換を行い、作るべきソフトウェア（コンピュータシステム）のイメージをできるだけ共有してから、見積もりを依頼します。見積もりが提出された後に共有されたイメージ（提案された内容）を変えることはできないと考え、見積もりを依頼するタイミングには注意してください。

　また、見積もりを提出することができる状況になったかどうかは、発注者だけでは判断することができません。まだ不確実なことが多い状況

なのに無理に見積もりを求めると、保険を含めた高い金額が提示されてしまいます。予算確保などの目的でどうしても早期の見積もりが必要な場合には、高めの概算でかまわないという条件を伝え、正式な見積書以外の形で金額を教えてもらいます。

まだ発注内容が決まっておりませんので、正式なお見積もりをいただけないことは承知しておりますが、まずは予算を確保するため、概算でのお見積もりをいただきたく思います。正式な見積書でなくてかまいません。

POINT　詳細が決まる前に見積もりがほしいときには、正式な見積書以外の形で概算金額のみを教えてもらう。→第5章-3

承知しました。あくまで概算ですが、……万円前後になるのではないかと思います。ご参考になさってください。

ここまでやり取りを進めてきまして、ずいぶん作っていただくソフトウェア（コンピュータシステム）のイメージが共有できたように思います。そろそろ正式なご提案とお見積もりをいただいてもかまいませんか？

POINT　今が正式な見積もりを出してもらうタイミングであるかどうかは相手に判断してもらう。見積もりを出してもらうタイミングを一方的に決めない。→第5章-3

かしこまりました。提案書とお見積もりを添付しますので、ご確認ください。

ありがとうございます。お送りいただいたご提案とお見積もりを検討いたしました。これについていくつか確認させてください。

1. ご提案では……という構成になっていますが、なぜこのようにするのがよいのですか？
2. 開発したソフトウェアのソースコードの取り扱いについてご提案書に記載がありませんでしたが、これについて貴社のお考えをお知らせください。
3. 開発したソフトウェアのライセンス体系や仕様許諾条件についてはどのように考えておけばよいでしょうか？

POINT　課題を解決する上で必要な内容がすべて盛り込まれているかどうかを確認する。→第3章-2

POINT　受け取っても役に立たないものを買う内容になっていないかどうかを確認する。→第5章-4

POINT　不明確な点や不安な点があれば、質問してはっきりさせる。とくに、ライセンス体系や仕様許諾条件は後からもめることが多いので、忘れずに確認する。質問が多い場合、箇条書きにするとよい。→第3章-2

ご質問3点に対する回答は次のとおりです。

1．……の構成には……というメリットがございます。他の構成のご希望がございましたらお知らせください。
2．ソースコードは原則として弊社で保有します。開示のご希望がありましたらお知らせください。
3．1台のパソコンでのみ実行可能なライセンスを提供いたします。2台目以降のライセンスは……という条件で追加提供いたします。

以上、ご確認くださいますようお願いいたします。

POINT　このあたりのやり取りからも相手のコミュニケーション力や、専門分野・技術力がわかる。回答が良い場合には加点する。→第6章-3

よくわかりました。加えてご相談が1つできました。今回のソフトウェア開発について、サブスクリプションでのお支払いというのは可能でしょうか？

POINT　支払い方法について、買い切りとサブスクリプションのどちらが有利か検討する。サブスクリプションで支払いたい場合、可能かどうかを相手に打診する。→第3章-3

弊社としてはサブスクリプションでのお支払いでも結構です。ただしその場合でも、50％は納品時に一括でお支払いいただきたいのですが、それでもかまいませんか？

POINT　買い切りとサブスクリプションを折衷させた支払い方法も検討する。→第3章-3

はい、それでも問題ありません。それではサブスクリプションと買い切りの両方でお見積もりをください。

かしこまりました。そのようにお見積もりいたします。

■見積もり金額が高すぎた場合のやり取り

　相手から提示された見積もり金額が高すぎると感じても、金額を押し上げた要因が明らかになっていないと具体的な交渉ができません。そうした要因の多くは発注者から見えにくいものであることが多いので、開発者から教えてもらいます。そして見積もり金額が高くなった理由が合理的であるかどうか、費用を抑える余地があるかどうかを見極めます。

　金額を押し上げた要因を相手から教えてもらう際には、費用を抑えなければならない理由も伝えましょう。理由もなくやみくもに金額を下げようとする発注者は警戒されるからです。また感情的になったり、金額が高いという理由だけで相手を発注先から外したりするのもよくありません。費用を抑える取り組みも課題を解決する方法の1つですから、発注者だけで決めないで、開発者と一緒に考えましょう。

お見積もりをお出しくださいましてありがとうございます。ただ今回お示しいただいた金額が、私たちが用意していた予算を超えてしまっております。もう少し費用を抑えたいのですが、何か方法はありますでしょうか？　無理を申しまして恐縮です。

> POINT　発注金額の交渉にあたり、見積もり金額を押し上げている要因を教えてもらい、対策を考える。また費用を抑えなければならない理由を示す。
> →第2章-2、第2章-3、第5章-2、第5章-3

はい、今回の開発では……という要因があるために、通常よりも費用が上がっております。……のような代替案に変更すればずいぶん安くなるのですが、こちらではいかがですか？

あいにく当方には……といった事情があるため、ご提案の代替案を選ぶことは難しいのです。他の方法はないでしょうか？

開発したソフトウェアを、貴社から他の方に販売していただいても問題ないのですが、それでも予算内でお受けいただくことは難しいですか？

> POINT　シェアウェア方式やオープン方式を発注者から提案してみてもよい。
> →第 3 章 -2

そのような条件でしたら、もう少し金額をお下げすることができそうです。

また今回の開発では……機能をテストするのに大きな費用がかかります。機材をお持ちの貴社にこのテストをお願みできると、さらに安くなるかと思います。

> POINT　説明書作成やテストなど、発注者側でもできることを引き受けると、費用が安くなることがある。相手から提案がない場合、自分から提案してもよい。
> →第 5 章 -4

ご提案ありがとうございます。それではご提案の条件で、新しいお見積もりをお願いいたします。

■相手を今回の発注先に選ぶ際のやり取り

　複数の発注先候補からの提案や見積もりが出揃ったら、それぞれの提案内容と見積もり内容、それにコミュニケーション力なども総合的に判断して発注先を絞り込みます。

　そして、発注先とする開発者が決まったら、なるべく早く相手にその旨を伝えます。すぐに注文書を送ることができる場合には、それをもって通知に代えてもかまいませんが、ファクシミリなどで注文書を送る場合には、別途メールでも連絡します。いずれにしてもひと言「よろしくお願いします」という気持ちを伝えるだけで、以後の共同作業がスムーズに進むようになります。

詳しいお話をお聞かせくださいまして、ありがとうございました。社内で検討した結果、今回の案件は貴社に開発をお頼みすることになりました。どうぞ最後までよろしくお願いいたします。

POINT　　長い付き合いの始まりとなるので、ていねいなやり取りを心がける。
　　　　　→第6章-1

このたびは弊社を発注先にお選びくださいまして、ありがとうございます。ご期待に添える開発ができるよう尽力してまいります。こちらこそよろしくお願い申し上げます。

開発者

■相手を今回の発注先から外す際のやり取り

　別の開発者に発注することが決まって、相手を発注先から外す場合には、相手を発注先に選ぶ場合以上に丁寧なコミュニケーションを心がけてください。受注を失った開発者の心情を害さないよう、丁寧かつ迅速に断ります。

　相手が今後発生する別の開発プロジェクトの発注先になり得る場合には、とくに丁寧に通知しないといけません。連絡をせずに放置したりすると、その開発者には二度と協力してもらえなくなり、それは将来の可能性や選択肢を自ら狭める結果となります。今回断ることになった経緯をしっかり説明し、相手だけに理由があるわけではなくミスマッチが理由であることや、今後の案件で再び声をかける可能性があることを伝えて、相手との良好な関係を維持します。

　実際には相手にスキル不足などの原因がある場合にも、説明をないがしろにしないでください。ソフトウェア開発会社のスキルは、有能な社員が採用できたりすると簡単に上がるものです。将来の可能性や選択肢を狭めないよう、粗っぽい言葉を使わず、礼儀を尽くして断るようにしましょう。

発注者

詳しいお話をお聞かせくださいまして、ありがとうございました。ただ残念ながら、貴社のご専門などを含めて社内で検討した結果、今回の案件は他社にお頼みすることになりました。貴社には開発内容のご提案など、大変なご協力をいただいておりましたが、このような判断となって本当に申しわけございません。ここまでのご協力には大変感謝しております。

POINT　絶対に放置したりしてはいけない。言葉を慎重に選び、ていねいなやり取りをする。それまでに受けたプレエンジニアリングの内容を具体的に記し、それに対する感謝を表明する。またそれをムダにすることに対する謝意を伝える。→第4章-2、第6章-1

発注者

今回はたまたま弊社のお頼みしたい内容が貴社のご専門分野から外れていたためにお断りする結果となりましたが、今後弊社では、貴社が得意とされている分野の開発案件が発生する可能性もございます。そのときには今回のことに懲りず、ぜひお力をお貸しください。

POINT　断ることになった合理的な理由を記す。たとえそれが相手のせいであっても、すべての理由が相手にあるような表現は避ける。

このたびは弊社にお声がけくださり、こちらこそありがとうございました。今回はお役に立てませんでしたが、次の機会にはまたよろしくお願い申し上げます。

開発者

POINT　冷静な返事がきたかどうかを評価する。返事が感情的（捨てばち・投げやり）だったり、返事が返って来なかったりした場合には、次回以降の発注先候補から外す。

発注者

ありがとうございます。今後ともよろしくお願いいたします。

POINT　できれば自分からのメールを最後にする。→第6章-1

■プロジェクトを中止させる際のやり取り

　相手と話をしているうちに、プロジェクトの遂行自体を見直した方がいいのではないかと思われる場面が出てくることがあります。たとえば、当初考えていたよりもずっとお金や手間がかかるとわかったとき、ソフトウェアを作っただけでは課題が解決しなさそうだとわかってきたとき、社内の調整が当初思っていたように進まなかったとき、任せようとしていた担当者が急に異動になったり退職したりしたときなどです。

　中止を決めたときには、そのプロジェクトに関与してきたすべての開発者に連絡し、中止の理由を丁寧に説明します。開発者に現場を視察してもらったり、何らかの相談をしていたりした場合、その開発者は発注

前であっても、その案件のために技術的な検討作業（プレエンジニアリング）を行っています。そうした労力と時間をムダにすることに対して、しっかり謝意を伝える必要があります。

　プロジェクトを中止させる際、単に「決まったことだから」などと、その背景や事情を説明しない発注者がいます。また明確に中止を伝えずにいたずらに待たせ、そのままプロジェクトを立ち消えさせる発注者もいます。「プレエンジニアリングは開発者が自分の都合でやったことだから」と感謝しない発注者もいます。しかしこれらはいずれも、開発者との信頼関係を壊す行為です。そのような対応をすると開発者は間違いなく発注者をブラックリストに追加します。将来頼ることができるかもしれない貴重な開発者を失ってしまうのです。

発注者

> 非常に申し上げにくいことなのですが、このたび弊社で……という事情が発生したために、ご相談さし上げていたプロジェクトをやむなく中止することになりました。貴社には開発内容のご提案や、弊社のご視察など、大変なご協力をいただいておりましたが、このようなことになってしまって本当に申しわけございません。ここまでのご協力には大変感謝しております。今回に懲りることなく、次回もぜひお力をお貸しくださいますよう、よろしくお願い申し上げます。

POINT　絶対に放置したりしてはいけない。言葉を慎重に選び、ていねいなやり取りをする。プロジェクトを中止することになった合理的な理由を記す。それまでに受けたプレエンジニアリングの内容を具体的に記し、それに対する感謝を表明する。またそれをムダにすることに対する謝意を伝える。
→第4章-2、第6章-1

> ご事情を承りました。残念ではありますが、いたし方ありません。次の機会にはぜひ弊社にご用命くださいますようお願いいたします。

開発者

発注者

> ご承諾ありがとうございます。今後とも、ぜひよろしくお願いいたします。

POINT　このような場合には必ず返事を返し、自分からのメールを最後にする。
→第6章-1

2 開発序盤〜中盤でのやり取り

優れたソフトウェアを作り上げるには、開発者の知識や経験をフルに引き出すことが重要です。それにはどんなやり取りをすればいいか、例を見てみましょう。

■細かい仕様を決めていくためのやり取り

契約上の開発内容は発注前に決まっているはずですが、見積もり金額に影響しない程度の細かい仕様は発注後に決めることがよくあります。細かい仕様が見積もり金額に影響するかどうかは、開発者側の事情に依存することも多いために一概には言えませんが、たとえばユーザインタフェース（操作方法や画面デザイン）、出力形式や通信プロトコル（通信のやり方）、設定項目や動作条件といったものは発注後に決められることが多いようです。

相手がいくつかの選択肢を用意して尋ねてくることが多いので、それに対してテンポよく回答を返していきます。

> 今回のソフトウェアのユーザインタフェースについて、弊社で3とおりの案を考えてみました。ご希望の案をお選びください。

開発者

POINT　原則として課題だけを伝え、解決方法は相手に考えてもらう。→第5章-3

発注者

> ご提示くださった3とおりの中では2番目の案がよいと思います。

POINT　基本的には示された選択肢の中から1つを選んで回答する。

発注者

> しかし弊社で、……という案を思いつきました。これも良い案ではないかと思いますので、4番目の選択肢として加えていただけませんか？

POINT　新しい案を思いついた場合、それを押し付けるのでなく、選択肢の1つに加えてもいいかどうかを確認する。相手から示された選択肢は、実現性や採算性を相手が専門的な観点で検討したものなので、そうした検討がまだなされていない案をそれらと同格に扱ってはいけない。→第5章-3

新しい案をお知らせくださいましてありがとうございます。弊社で検討したところ、お書きの案でも問題ないことがわかりました。ご希望でしたら、そちらを採用することもできます。

 弊社の案をご検討・ご確認くださいましてありがとうございます。それでは弊社の案でお願いいたします。

■試作プログラムを受け取った時のやり取り

　プログラムの試作品は仕様書や提案書と同じ意味を役割を果たします。受け取ったらなるべく早く評価を行い、結果を返してください。その際、相手から依頼された観点（ポイント）についての評価を漏れなく行い、それぞれの評価ポイントに対する結果を伝えることが大事です。

　通常は相手から明確に評価ポイントが示されますが、もし評価ポイントが不明確な場合には、相手に質問して明確にしましょう。依頼された評価ポイント以外については、評価・回答する必要はありませんが、相手が明らかに誤解している項目などは、気づき次第指摘するのが親切です。

このたびプログラムの試作品を作りました。お試しの上、次の評価ポイントについてご意見をくださいますようお願いいたします。
評価ポイント1：……は十分か？
評価ポイント2：……は問題ないか？
評価ポイント3：……は使いやすいか？

POINT　試作プログラムが送られてきたら、仕様書案が示され、確認を求められていると考える。なるべく早く確認して、適切な回答を返す。→第6章-2

 ありがとうございます。先ほど試作プログラムを受け取りました。明日以降に試用してみますので、少しお待ちください。

　　POINT　すぐ評価することができない場合には、ひとまずプログラムを受け取ったことだけでも伝える。とくに最近では、ファイルが添付されたメールが、セキュリティ対策などの弊害によって不着となることがよくある。不着メールが発生したことに早く気づくためにも、ふだんから添付ファイルの受信確認などは送るように心がけたい。→第6章-2

ところでご依頼にありました評価ポイントのうち、2番目の評価方法がよくわかりませんでした。これは具体的にどのように評価すればいいでしょうか？

POINT　評価ポイントが不明確な場合には、相手に質問して明確にする。

2番目の評価ポイントがわかりにくく、大変失礼いたしました。こちらでは、サンプルデータに対する動作を確認していただきたいと思います。またその際の操作性についても、ご意見ございましたらお知らせください。

承知いたしました。評価ポイント2については、次の2点を確認します。
- サンプルデータに対する動作
- 操作性

POINT　相手からの回答と自分の理解が一致しているかどうかを確認する。

お待たせいたしました。お送りいただいた試作プログラムについて評価を行いました。

POINT　できるだけ早く試して結果を報告する。→第6章-2

評価ポイント1と評価ポイント3については、お作りくださったとおりでいいと思います。

POINT　相手から依頼されたそれぞれの評価ポイントごとに結果を返す。→第6章-2

評価ポイント2の、サンプルデータに対する動作については、期待どおりの結果が得られることを確認しました。

POINT　実験や試行を行った場合、使用した条件やデータを残しておく。再現可能な程度に詳しく記録しておくとよい。→第6章-2

同じく評価ポイント2の操作性については、ほぼ不満はありません。ただ表示されるメッセージの文字が小さくて読めないという意見がありました。できれば文字を大きくしてくださると助かります。

ご依頼の評価ポイントではありませんが、メッセージに「フアイル」と表示されているのを見つけました。これは「ファイル」の誤りではないかと思います。お直しくださるようお願いいたします。

POINT　試作プログラムに明らかなミスなどが見つかった場合、評価ポイントでなくても、気づき次第指摘する。

ご評価ありがとうございます。それではデータ処理については現状のまま、メッセージの文字のみ大きくいたします。誤字も修正いたします。お手数をおかけいたしました。

■メールに説明資料を添付する際のやり取り

　メールに説明資料を添付する際には、メールの不着やファイル名の文字化け、相手のファイル管理に起因するトラブルを避けるように配慮してください。とくに「添付ファイルの取り扱いにかかる手間は、送信側よりも受信側の方が大きい」ということはぜひ覚えておいてください。添付ファイルを受け取った相手の手間が少しでも少なくなるよう、送信する際には十分配慮するようにしましょう。

当方の考えているシステム構成を添付資料「システム構成案-24.1.27.doc」にまとめました。ご確認ください。

POINT　今後ファイルが更新される可能性を見越し、バージョンがわかる文字列をファイル名に含ませておく。→第6章-2
POINT　添付ファイルに対応するメールを後から探すことを想定し、ファイル名をメールの本文に書いておく。
POINT　文字化けしたファイル名を復元することができるよう、ファイルをzip形式に圧縮してから添付する。

詳しい資料をお送りくださいましてありがとうございます。これから内容を確認します。

POINT　相手からの受信確認メールが届かない場合には、メールの不着を疑う。→第6章-2

お待たせいたしました。先ほどお送りくださった資料の内容を確認しました。いくつか質問がありますので、資料に追記しておきました。添付ファイル「システム構成案-24.1.27-質問.zip」をご確認ください。

ありがとうございます。これから確認しますので少しお待ちください。

POINT　ファイルの添付されたメールを受け取ったら、なるべく早く受信確認メールを返す。→第6章-2

POINT　添付されていたファイルの名前を変えたりして、メールとの対応がわかるように整理しておく

■仕様を変更したくなった時のやり取り

いったん確定とした仕様を発注者が変更するときには、相手が古い仕様で検討や作業を進めてしまっている可能性も想定し、丁寧に変更を提案する必要があります。なぜ変更が必要になるのかを説明し、本当に変更するかどうか、どのように変更するといったことは一方的に決めず、相手ともよく相談しましょう。仕様決めの際には課題だけを示し、方法を限定しないのが鉄則だからです。

今回1つご相談ができました。以前……という仕様を決めましたが、これを……のように見直したいと思っております。当方で……という事情が発生したためです。当方の都合で申しわけありませんが、ご検討をお願いいたします。

POINT　言葉を慎重に選び、ていねいなやり取りをする。変更前後の仕様の違いが明確になるように整理して伝える。仕様変更を一方的に押し付けない。変更しなければならない理由を伝え、仕様変更の必要性や内容を検討してもらう。→第6章-1

ご事情を理解しました。ただ変更内容につきまして、ご提案くださった仕様案のようにするよりも、……のような仕様に変えた方がよいと思います。そちらであれば……のようなメリットが得られるからです。いかがでしょうか？

ご提案ありがとうございます。確かにご提案の仕様の方がよさそうですね。それではこちらでお進めください。仕様変更でお手間を増やしてしまいましたが、引き続きよろしくお願いいたします。

POINT　仕様変更によって手間を増やしたことに対する謝意を伝える。
　　　　→第 6 章 -1

3 開発終盤でのやり取り

ソフトウェア開発プロジェクトでは終わり方も大事です。開発者としっかりした信頼関係を維持し続けるために望ましいやり取りも見ていきましょう。

■不具合を見つけた時のやり取り

　手作り品であるソフトウェア開発には予期しない不具合が付き物です。最初から完全なソフトウェアができ上がることはまずなく、ほとんどの場合には原因究明と対処に大変な手間と時間をかけることになります。

　不具合は発注者と開発者の共通の敵です。傍観を決め込むのではなく、不具合を解消するために全面協力する姿勢を示してください。よく「ソフトウェアが動かない」などと鬼の首を取ったかのように得意になったり、相手の不注意を責めるかのように詰め寄ったりする発注者がいますが、これでは解決のヒントにならず、協力的であるとは言えません。

　相手が不具合の原因を推理するヒントになりそうな情報を、相手からの要望に応じて伝えてください。それには不具合が現れても慌てず、次のような情報をなるべく正確・詳細に記録しておくことが大事です。

1. 再現手順や発生頻度（何をした時に発生したか、確実に発生するか）
2. 本来期待される動作と、それに対する違い
3. 画面のスクリーンショットや、ウィンドウのスナップショット
4. エラーダイアログなどに表示されている内容（エラーメッセージやエラーコード）
5. 不具合が発生した時に使ったデータやファイル

　また、不具合の発生を相手に知らせる際には、「バグ」（プログラムの欠陥）など、ソフトウェアの作りに問題があると決め付ける表現は避けましょう。不具合の発生原因が相手のミスによるバグであるとは限らな

いからです。原因がはっきりするまでは「不具合」または「異常事象」といった言葉を使い、相手に配慮しましょう。

発注者

このたびは試作プログラムをお送りくださいまして、ありがとうございました。さっそく弊社で動作を試しました。ところが……のような手順で操作すると、本来は……のような動作をするべきところ、……のような事象が見られることがあります。

> POINT　不具合であると考えた根拠を示す。プログラムに問題があると決め付ける「バグ」などの表現を安易に使わない。→第2章-2、第5章-7

発注者

発生頻度は……程度です。この事象が現れたときの画面を添付いたします。エラーダイアログに……というエラーメッセージと、……というエラーコードが表示されています。

> POINT　不具合の原因を推理するヒントになる情報を、なるべく正確・詳細に伝える。→第2章-2

発注者

以上の情報で不具合の原因はわかりますでしょうか？　ご検討・ご対処くださいますようお願いいたします。また、もし当方に協力できることがありましたら遠慮なくおっしゃってください。

> POINT　不具合の解消に向けて全面的に協力する意思を示す。
> →第2章-2、第5章-7

ご報告ありがとうございます。不具合が発生する原因について思い当たることがありますので、まずは修正してみました。こちらのサンプルプログラムが正しく動作するかどうかお試しください。

開発者

POINT　プログラムが送られてきたら、できるだけ早く試して結果を報告する。
POINT　すぐ評価することができない場合には、ひとまずプログラムを受け取ったことだけでも伝える。→第2章-2、第6章-2

発注者

問題なく動作しました。ありがとうございました。

> POINT　確認事項が具体的に示されている場合、それに対して的確に回答する。
> →第6章-2

■不具合がなかなか収束しない時のやり取り

　何回もの試行錯誤にもかかわらず、不具合がいつまでも収束しない場合も珍しくありません。このようなときに開発プロジェクトの成功と失敗を分かつのは、発注者の粘り強さです。不具合が収束しないことで損害を被るのは発注者も開発者も同じです。不具合解決に最善を尽くす開発者にできる限りの応援を送り、モチベーションを高めてください。不具合がなかなか収束せずにいら立つこともあると思いますが、絶対に感情的になってはいけません。

　ものづくり現場で使われるソフトウェアは、往々にして不具合動作を開発者側で再現させることができません。たとえば既存の設備と連携するソフトウェアの挙動は、その設備を保有する発注者にしか調べられないのです。そのような場合、事態が収束に向かうかどうかは完全に発注者の協力にかかっています。ですから開発者からテストプログラムが届き、動作確認を頼まれたら、「発注者側にしかできないことがある」という事実を思い出し、協力の手間を惜しまないようにしましょう。

発注者

> お直しくださったプログラムの動作を弊社で試してみたのですが、やはり期待どおりに動かないようです。今回は……という不具合事象が見られました。エラーメッセージとエラーコードの書かれたエラーダイアログが表示される点は前回と同じです。

POINT　不具合の原因を推理するヒントになりそうな情報を、なるべく正確・詳細に伝える。→第2章-2、第6章-2

発注者

> 原因究明は大変かと思いますが、引き続きご検討・ご対処くださいますようお願いいたします。当方も協力できるだけ協力しますので、できることがありましたらご指示願います。

POINT　不具合を解消するために全面協力する姿勢を示す。原因究明・対策への努力を相手にねぎらう。→第2章-2、第5章-7

> このたびはソフトウェアの不具合でご迷惑をおかけしまして、大変申しわけございません。いただいた情報をもとに弊社でも、不具合の解消に向けて最大限の努力をしております。

開発者

ただ同様の事象が弊社では再現しないようです。そこで現在、原因究明のための仕掛けを組み込んだデバッグ用のテストプログラムを作っております。できましたらお送りいたしますので、大変恐れ入りますが、再度動作を試してくださいますようお願いいたします。

開発者

発注者

ありがとうございます。不具合への対応は大変だと思いますが、ひとつよろしくお願いいたします。頼りにしております。

POINT　相手の努力をねぎらい、信頼していることを伝えてモチベーションを高める。絶対に感情的になってはいけない。→第5章-7

お待たせいたしました。デバッグ用のテストプログラムができましたので、お送りいたします。これをお試しになり、「ログ」欄に表示された内容をお送りくださいますようお願いいたします。

開発者

POINT　プログラムが送られてきたら、できるだけ早く試して結果を報告する。すぐ評価することができない場合には、ひとまずプログラムを受け取ったことだけでも伝える。→第2章-2、第6章-2

発注者

テストプログラムの動作を試してみました。「ログ」欄には次の内容が表示されました。これで何かおわかりになりますか？
ログ欄に表示された内容：……

POINT　確認事項が具体的に示されている場合、それに対して的確に回答する。→第6章-2

今回の不具合については、多大なご迷惑をおかけしております。詳しい情報をお送りくださったおかげで、懸案となっているプログラムの不具合動作を弊社でも再現させることができました。あとは弊社で原因究明と対策ができると考えております。もう少しお待ちください。

開発者

お待たせいたしました。懸案の不具合を引き起こしていたバグが見つかりました。修正版のプログラムをお送りいたしますので、正しく動作するかどうかお試しください。何度もお手数をおかけいたします。

開発者

POINT　プログラムが送られてきたら、できるだけ早く試して結果を報告する。すぐ評価することができない場合には、ひとまずプログラムを受け取ったことだけでも伝える。→第2章-2、第6章-2

お送りくださったプログラムの動作を弊社で試してみたところ、今度は期待どおりに動きました。ご修正ありがとうございました。

POINT　確認事項が具体的に示されている場合、それに対して的確に回答する。
→第 6 章 -2

とんでもありません。こちらこそ、弊社の作り込んだバグでお手数をおかけしてしまい、申しわけございませんでした。これに懲りず、引き続きよろしくお願い申し上げます。

■納品後のやり取り

　デバッグも晴れて終わり、ソフトウェアが納品されました。しかし開発プロジェクトはそれで終わりというわけではありません。確かに納品は 1 つの「区切り」ではありますが、実際に使い始めてからわかることも多々あります。不具合が見つかったり、「こうしておけばよかった」と思い直したり、改良や拡張をしたくなったりすることは珍しくありません。

　そうした事態も想定すると、納品後にも開発者との信頼関係をしっかり保っておくことには大きな意義があります。

先のソフトウェアの開発では大変お世話になりました。1ヵ月ほど使っておりますが、とくに大きな不具合もなく、期待どおりに役立っております。どうもありがとうございました。

POINT　納品後の適当なタイミングで、使用状況を相手に報告し、安心させる。
→第 6 章 -1

お作りしたソフトウェアがお役に立っているとのこと、開発者としても嬉しく思います。お使いにあたって何かございましたら遠慮なくお知らせください。

発注者

> ありがとうございます。問題なく使えてはいますが、ユーザからは……という改善要望が出ました。また……のような機能があるとなお便利になるように思っております。これらについてはまた相談させてください。

POINT 　改善や新機能の要望がある時には、積極的に伝えるようにすると、相手にとっても勉強になる。場合によっては相手が無償で対応してくれることもあるが、過度に期待してはいけない。

COLUMN 4 開発者の万一に備えて何ができるか

　ソフトウェア発注の際、開発したソフトウェアのソースコードを提出するよう開発会社に要求する発注者はとても多くいます。その理由を尋ねると、多くの場合に「開発者に万一のことがあると心配だから」という答が返ってきます。確かに開発者も人間ですから、重病を患ったり、大ケガをしたり、さらにはこの世からいなくなってしまう可能性もあります。そうでなくても、開発者が開発会社から退職したり、発注者と開発者の関係がこじれたり、いろいろな理由で開発者を頼りにすることができなくなる状況は大いに考えられます。そのようなときでも、ソースコードが手もとにあれば少しは安心できそうです。ソフトウェア開発というのは納品されたら終わりというものではありません。不具合が見つかった、新機能がほしくなった、動作を改良したくなった、OSのバージョンアップに対応させなければならなくなった……納品された後にもずっと手を入れ続けなければならない理由はたくさんあります。そしてそのようなとき、いちいち稟議を上げたりせず、自分たちユーザ自身でちょいと対応することができるように、あるいは別の開発会社に対応を頼むことができるようにしておきたい。それにはそのソフトウェアのソースコードを入手しておくのが一番である。多くの発注者はそのように考えるのではないでしょうか。

　しかし、そのような考え方は、ソフトウェア開発者の視点から見ると、残念ながら「アイデア倒れ」であると言わざるを得ません。近代的なソフトウェアというのは、ソースコードを持っているだけではまったく手を入れることができないものだからです。その理由はいくつかあります。まずソースコードの分量が膨大になったということです。1つのプログラムのもとになるソースコードの分量は少なくとも数千行、大きいプログラムでは数百万行もあります。ソースコードに手を入れようとすると、まずこれを読み解かなければいけません。そのプログラムを作った開発者本人ならスムーズに読み解くことができるでしょうが、そうでない人にとってはその何十倍もの手間と時間がかかるでしょう。新しいプログラムを一から作った方が早いくらいです。

　また、プログラムの密度が高くなったという理由もあります。オブジェク

ト指向プログラミングによって書かれたソースコードでは、同じ処理は原則としてただ1ヵ所にしか書かれていません。似たような処理が多くの場所に書かれていて、その1つを読み解けばその何倍かのソースコードを理解したことになる以前のプログラムとは事情が違います。プログラムの一部に手を加えるのに先立ち、その部分がプログラム全体の中でどのように使われているのか、把握しないといけないのです。さらにプログラムの階層が深くなったことも、プログラムを簡単には手直しすることができない理由になっています。かつては、プログラムの動作に必要な機能がプログラムの中にすべて書かれていましたが、近代的なプログラムは高度なOSやライブラリが提供する豊富な機能を多用して作られています。使われているOSやライブラリの機能を熟知していないと、そのプログラムが何をしているのか理解することができません。同じ1,000行のプログラムでも、そこに埋め込まれている情報や思考の密度が、近代的なプログラムでは圧倒的に高いのです。

　ほかにも理由はいくつかありますが、大事なのは「プログラムのソースコードを持っていても、そのプログラムを作った開発者以外にはほとんど役に立たない」という結論です。ソースコードを改変せず、そのまま使うだけなら開発者はいなくていいかもしれません。しかし少しでも手を入れようとすると、開発者の力を借りるしかありません。近代的なソフトウェアとはそういったものです。

　そうは言っても、ソフトウェアの開発者がいつかいなくなってしまう懸念は拭えません。そして今後ソフトウェアに手を入れなければならない場面は必ずやってくるでしょう。そうした板挟みとも言える状況に対し、私たちはどのような備えができるでしょうか？　この問いについて考えるとすぐにわかるのは、「そのソフトウェアを作った開発者の代わりとなる人を確保するより他に方法がない」ということです。そしてその「代わりの人」は、そのソフトウェアを作った開発者と同等以上の能力を持つベテラン開発者でなければいけません。そうなると「代わりの人」を確保するべき場所は限られてきます。すなわちソフトウェアを作った開発者のすぐそばにいて長い時間を共有し、ソフトウェアを作った開発者の持っているすべての技術や知識を引

き継ぐことができる開発者しか「代わりの人」にはなり得ないことがわかります。したがって、この「開発者の万一」問題に対する正解は、納品されたソフトウェアのソースコードを受け取ることではありません。ソフトウェア開発会社に、社内でOJT（on the job training：実地訓練）を行う環境を作ってもらうというのが正解です。そしてこれを実現するには、開発会社が余裕を持って人材を確保することができるよう、発注者も協力しないといけません。

　これまでのソフトウェア発注では、「そのプロジェクトに直接かかった分だけの費用しか支払わない」という考え方が一般的でした。「何人月」などと称し、開発者の人数と、携わった期間を積み上げるだけで見積もり金額を算出することが広く行われていました。しかしこれでは、当然「代わりの人」を育てることができません。その考え方が果たして「開発者の万一」に備える観点で適切なのかどうか、「開発会社を育てる」視点、いえ「開発会社に自社のための開発者を育ててもらう」視点を持つ必要はないのか、そろそろ検討してはいかがでしょうか。

おわりに

　最後まで本書を読み進めていただき、ありがとうございます。「はじめに」にも記したことではありますが、筆者は本書を執筆するにあたり、「ものづくり現場からなされるソフトウェア発注の失敗を避ける」目的と「コンピュータシステムの活用に対する抵抗感を払拭する」ことをゴールを定め、「ソフトウェア開発者と良好な関係を築くために必要な知識を過不足なく伝える」書き方を心がけてきました。本書のテーマについては、伝えるべき知識の幅が非常に広いにもかかわらず、重要なことを簡潔に記さないといけないという「現実と理想の乖離」もあり、1冊の本としてまとめるにはかなり苦労しました。執筆を始める前には「なぜ本書のような書籍がすでに世の中に出版されていないのだろうか？」という疑問を抱いたりもしましたが、執筆を終えてみて、その理由がよくわかった次第です。決してまとまりのよい本ではなく、筆者の文章も拙いものではありますが、それでも本書の主旨と筆者の意図を読者にしっかりお伝えできたのであればとても嬉しく思います。

　筆者が本書を執筆しながら、ずっと自分に問い続けてきたことがあります。それは「本書で伝えたいのは、結局のところコミュニケーションの取り方だけなのではないか？」ということです。コミュニケーションの重要性などは、子供でもよくわかっていることです。コミュニケーションの取り方について書かれた自己啓発書は、あらゆる読者層に向けて数多く出版されています。そのような常識中の常識であり、今さらあえて論じることでもなさそうな「コミュニケーションの取り方」だけを、仮にもプロの技術者に向けた専門書として出版していいのだろうか？　それは読者をあまりにも馬鹿にした行為ではないだろうか？　それが本書全体にわたる執筆を通じて筆者が抱え続けてきた大きな疑問であり、迷いでもありました。

　しかし、こうした疑問が湧き上がるたびに、筆者の頭の中に次の2つのことが思い返されました。1つは、コミュニケーション不足で失敗

してしまうソフトウェア発注プロジェクトが現実に多発しているという事実、もう1つは、前提とする知識が正しくないと常識もすっかり変わってしまうという真理です。上記の事実を説明するため、ソフトウェア発注者が、ソフトウェア発注という取り組みに関して正しい予備知識を持っていないものと仮定してみましょう。発注実務におけるコミュニケーションについて発注者が信じる「常識」は、本来の正しい「常識」とはまったく異なったものになるはずです。発注者が自らの「常識」に照らして「こうするのがよい」と考えたコミュニケーション方法が、本来の正しい「常識」に照らすと実は間違っていたという事態が生じるはずです。場合によっては、それがプロジェクトに致命的な悪影響を及ぼすことになるでしょう。国内のものづくり現場で今日もなお多くのソフトウェア発注プロジェクトが失敗している背景には、そうしたメカニズムがあるのではないでしょうか？　もしこの仮説が正しいのだとすると、やるべきことは「国内のものづくり現場にソフトウェア発注という取り組みに関する正しい予備知識を届ける」ことであり、それはものづくりとソフトウェアの両方を深く理解している技術者にしかできる仕事ではありません。そして少なくとも「国内のものづくり現場」においては、この仮説が正しいということを、筆者は数々の証拠から確信しています。この執筆は自分がやらないといけない、こうした考えが、筆者から本書を執筆するにあたっての迷いを払拭し、本書を専門書として出版する意義を筆者に見出させ、筆者に本書の執筆を続けさせる大きなモチベーションになりました。

　そのようなモチベーションに突き動かされながら書き進めてきた本書ですが、執筆にあたって筆者がとくに注意してきたことが1つあります。それは本書を「ソフトウェア開発者の独りよがりな願望を書き連ねただけの本にしない」ということです。本書の訴える主旨の1つに、「ソフトウェア開発者のことをもっとよく知るべき」ということがありますが、これは「もっと自分たちのことをよく知ってほしい」というソフトウェア開発者の承認欲求とも受け取れるかもしれません。とくに、第2章-3や第4章-2は、ともすると「ソフトウェア開発者をもっと尊敬してくれ」と迫っているようにも読めます。もちろんソフトウェア開発者の1人である筆

者自身も、もっと発注者に尊敬してもらえたら嬉しいことは間違いありません。しかしそれよりも大事なことは、第4章-2で述べた過去の「残念な関係」を乗り越え、発注者と開発者が相互に尊敬して頼ることができる関係を築くことです。なぜなら、自分にない何かを持っている相手を互いに尊重するというのは、一緒にものを作り上げていくチームに欠かすことのできないものだからです。この目的のため、本書では一貫して発注者の視点でものごとをとらえ、言葉を選ぶように努めました。

本書はものづくり現場からソフトウェア発注を手がける読者を想定して書いたものですが、本書に記されている内容には、ものづくり現場以外からなされるソフトウェア発注にも通用する部分が多く含まれています。ものづくり現場に限らず、ソフトウェア発注を考えている方が読者のお近くにいらっしゃったら、ぜひ本書を参考にアドバイスをさし上げてください。大いに役立つものと思います。

最後に本書の中でもっともお伝えしたいポイントを要約しておきます。今すぐにソフトウェア発注プロジェクトを立ち上げなければならず、本書全体を通して読む時間が取れない読者は、まずこちらからお目通しください。

このポイントを押さえるだけでも、プロジェクトの成功率はずいぶん高まるはずです。そしてそれぞれのポイントの根拠や、その応用を学ぶ余裕ができたときに、あらためて本書全体を読み返せば、より理解が深まることでしょう。

1章	●ものづくり現場からのソフトウェア発注の成功率は非常に低く、わずか20%ほどしかない。
	●ソフトウェア発注が失敗する根本的な原因は「開発者とのコミュニケーション不足」にある。
2章	●ソフトウェア開発という仕事は一種の創作活動であり、特有の不確実性が常に付きまとう。
	●ソフトウェア開発者の思考パターンや価値観は、芸術家・作家・職人のそれとよく似ている。
	●ソフトウェア開発の期間・費用を予測することは難しいが、開発者にはある程度予測ができる。
	●経験・スキル・得意分野により、ソフトウェア開発者の生産性には大きなバラツキがある。

3章	●オブジェクト指向プログラミングの出現により、ソフトウェア開発の常識が大きく変わった。
	●1回の発注で開発を完結させるウォーターフォール方式では、発注後に仕様が変えられない。
	●不確実要因のあるソフトウェアを作るのに適した新しい開発方式が利用できるようになった。
	●買い切りよりもサブスクリプションで支払う方が、たいてい発注者にとってメリットが大きい。
4章	●ものづくり現場で使われるソフトウェアは多種多様であり、その開発には特異な難しさがある。
	●日本のものづくり現場には、過去の誤解によって生じたシステムベンダとの溝が残っている。
	●今後ソフトウェア開発者の協力を得たいのなら、壊れた信頼関係を急いで修復するべきである。
5章	●ソフトウェア発注プロジェクトの失敗を招く行為がいくつもあり、やってしまう発注者も多い。
	●ソフトウェア開発者とのコミュニケーション次第で、ほとんどの失敗誘発行為は未然に防げる。
6章	●開発者とのコミュニケーションを悪循環に陥らせないため、やり取りの初期には特に気を配る。
	●ソフトウェア開発者とコミュニケーションを取る手段として、できるだけメールを活用する。
	●メールの書き方や使い方次第で、コミュニケーションの能率を大きく高めることができる。
	●発注先として選ぶべきソフトウェア開発者を、メールでのやり取りで見極めることができる。
7章	●発注プロジェクトを成功させるには、発注者と開発者の良好なコミュニケーションが欠かせない。
	●開発者との永続的な信頼関係を築くには、開発全体を通じた丁寧なやり取りが重要である。

　小さな本書がすべての読者の創造的なお仕事の一助になることを願いつつ、ここで筆を置きます。

2024年9月1日　高木 太郎

参考文献

[1] 公益財団法人 日本生産性本部、『労働生産性の国際比較 2022』、https://www.jpc-net.jp/research/list/comparison.html（最終アクセス：2023/10/19）

[2] 中村 建助、矢口 竜太郎、特集 2003 年情報化実態調査 プロジェクトの成功率は 26.7％、『日経コンピュータ 2003 年 11 月 1 日号』、日経 BP（2003）

[3] 矢口 竜太郎、吉田 洋平、特集 第 2 回プロジェクト実験調査 800 社 成功率は 31.1％、『日経コンピュータ 2008 年 12 月 1 日号』、日経 BP（2008）

[4] 『CHAOS REPORT 2015』、https://www.standishgroup.com/sample_research_files/CHAOSReport2015-Final.pdf（最終アクセス：2023/10/19）

[5] Jorge Dominguez、『The Curious Case of the CHAOS Report 2009』、ProjectSmart（2009）、https://www.projectsmart.co.uk/it-project-management/the-curious-case-of-the-chaos-report-2009.php（最終アクセス：2024/1/26）

[6] The Standish Group International, Inc.、『THE CHAOS REPORT（1995）』、https://www.csus.edu/indiv/v/velianitis/161/chaosreport.pdf（最終アクセス：2024/1/26）

[7] David S. Bernstein、『レガシーコードからの脱却、オライリー・ジャパン』（2019）

[8] 細川 義洋、『システムを「外注」するときに読む本』、ダイヤモンド社（2017）

[9] 田村 昇平、『システム発注から導入までを成功させる 90 の鉄則』、技術評論社（2017）

[10] 白川 克、濵本 佳史、『システムを作らせる技術：エンジニアではないあなたへ』、日経 BP（2021）

[11] 田村 昇平、『御社のシステム発注は、なぜ「ベンダー選び」で失敗するのか』、技術評論社（2022）

[12] 佐川 博樹、『よくわかる最新要求定義の基本と実践：システム開発のための最上流工程入門』、秀和システム（2022）

[13] Boris Beizer、『ソフトウェアテスト技法』、日経 BP（1994）

[14] Linda M. Laird, M. Carol Brennan、『演習で学ぶソフトウエアメトリクスの基礎 ソフトウエアの測定と見積もりの正しい作法』、日経 BP（2009）

[15] 藤原 博文、『改訂新版 C プログラミング診断室』、技術評論社（2003）

[16] 石塚 圭樹、『改訂新版 オブジェクト指向プログラミング』、アスキー出版局（1988）

[17] 独立行政法人情報処理推進機構『デジタル基盤センター、情報システム・モデル取引・契約書（アジャイル開発版）』、https://www.ipa.go.jp/digital/model/agile20200331.html（最終アクセス：2023/11/27）

[18] 総務省、『日本標準産業分類（第 13 回改定）（2013）』、https://www.soumu.go.jp/toukei_toukatsu/index/seido/sangyo/H25index.htm（最終アクセス：2023/11/27）

[19] 『International Monetary Fund（IMF）』、IMF DATAMAPPER Real GDP growth、https://www.imf.org/external/datamapper/（最終アクセス：2024/3/21）

[20] 株式会社ファルコ、データ便、https://datadeliver.net/（最終アクセス：2024/3/21）

[21] 株式会社ギガファイル、ギガファイル便、https://gigafile.nu/（最終アクセス：2024/3/21）

高木 太郎（たかぎ・たろう）

株式会社イマジオム 代表取締役
1966年京都府生まれ。東京大学大学院 工学系研究科 機械工学専攻修了。幼少期から科学や技術に親しみ、電子工作などものづくりを趣味の1つとしてきた。大学院修了後には大手電機メーカに約9年間勤務、課題分析と問題解決のスキルを磨くとともに、ものづくり現場でソフトウェアが果たす役割を深く認識する。会社の経営方針転換による事業撤退を機に独立、コンピュータシステム開発を手がける株式会社イマジオムを設立し、主にものづくり分野に向けたソリューションの提供を始める。「ものづくりのわかるシステム屋」として全国のものづくり現場を訪問、それぞれの現場が抱える課題を多彩な手段で解決している。ソフトウェア・ハードウェアの開発実績、ビジネスモデルの発案実績多数。現在株式会社イマジオム代表取締役。日本機械学会・精密工学会・計算工学会会員。博士（工学）。
ウェブサイト：https://www.imageom.co.jp/

絶対に失敗しない
ものづくり現場からのソフトウェア発注

2024年10月30日　初版第1刷発行

著　者 ── 高木 太郎
　　　　　Ⓒ2024 Tarou Takagi
発行者 ── 張　士洛
発行所 ── 日本能率協会マネジメントセンター

〒103-6009　東京都中央区日本橋2-7-1　東京日本橋タワー
TEL　03 (6362) 4339 (編集) ／ 03 (6362) 4558 (販売)
FAX　03 (3272) 8127 (編集・販売)
https://www.jmam.co.jp/

装　　丁 ──────── 冨澤 崇 (EBranch)
本文DTP ──────── 渡辺トシロウ本舗
イラスト ──────── シュウ
印刷所・製本所 ──── 三松堂株式会社

本書の内容の一部または全部を無断で複写複製（コピー）することは、法律で認められた場合を除き、著作者および出版者の権利の侵害となりますので、あらかじめ小社あて許諾を求めてください。

ISBN 978-4-8005-9271-2 C 3034
落丁・乱丁はおとりかえします。
PRINTED IN JAPAN